# Nacht

Anton van der Kolk

# Nacht

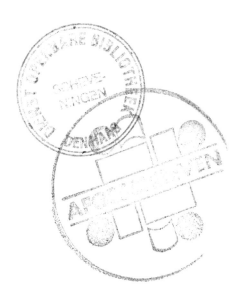

Van Goor

Dit boek is mede totstandgekomen dankzij een werkbeurs van Het Fonds voor de Letteren.

ISBN 90 00 03510 4

© 2003 Anton van der Kolk
© 2003 voor deze uitgave Van Goor, Amsterdam
omslagontwerp Steef Liefting
www.van-goor.nl

Van Goor is onderdeel van Uitgeverij Prometheus

Met dank aan mijn vader (1913-1999) en mijn moeder (1913-2001)

# *Een*

Opa was geen gewone opa, maar een soort vader-opa voor mij. Een opapa, zeg maar. Kort na de scheiding van mijn ouders, op mijn achtste verjaardag, kreeg ik van opa een stukje van zijn tuin en een schepje en een hark.

'Karen, dit is jouw tuintje,' zei hij. 'Je mag er zelf voor zorgen.'

'Echt waar, opa? Is het echt van mij?'

'Helemaal van jou,' zei opa lachend.

Ik ging spitten en zaaien en belde elke avond op om te vragen of de zaadjes al waren uitgekomen.

In het weekend ging ik met mijn moeder naar opa en oma en toen ik ouder werd ging ik alleen. De tuinbonen, de aardappels, de worteltjes en de uien groeiden langzaam, totdat ik ze kon oogsten en samen met opa en oma en mijn moeder kon opeten.

Het kwam door dat tuintje dat opa mijn opapa werd.

En door de schuur. Opa was een echte knutselaar. Hij had zijn schuur gebouwd van materiaal dat hij bij het grofvuil had weggehaald of had gekregen. Er stonden duizenden voorwerpen in. Harken, schoffels en spaden, ramen en ruiten, wielen en banden; er lagen hamers, beitels en nijptangen, buizen en palen, golfplaten en dakpannen, planken en balken.

Hij had kastjes getimmerd en in die kastjes lagen sigarenblikjes en kistjes met schroeven, moeren en spijkers die ooit niet verroest waren geweest.

Planten groeiden in en door de schuur heen, van binnen naar buiten en van buiten naar binnen. Het was een fantastische wildernis en rotzooi, waarin opa zijn eigen systeem had en alleen hij wist waar alles lag. En ik ook een beetje, omdat ik hem zo vaak hielp.

Als hij in de schuur werkte, ging ik naar hem toe.

'Wil je de nijptang even aangeven?' vroeg hij. En dan sloegen we aan het knutselen. We zeiden weinig, kleine dingetjes. Maar het was fijn om bij elkaar te zijn.

Het mooiste in de schuur was de bankschroef.

'Die heb ik in de oorlog uit een schip gesloopt,' zei opa. Het was voor het eerst dat hij me wat over de oorlog vertelde.

'Ik werkte een jaar in St. Nazaire op een scheepswerf en ik heb dat ding helemaal naar Nederland gedragen.'

'Maar dat is toch veel te zwaar,' zei ik.

'Een bankschroef was wat, hoor, in die tijd. Het was een heel bezit. Ik heb er kilometers mee moeten lopen, maar die bankschroef namen ze me niet meer af. Het was een echte oorlogsbuit.'

Toen keek hij verdrietig voor zich uit en zei zachtjes: 'Deze last kon ik van me af leggen.' Ik voelde dat hij een geheim had. Een geheim dat met de oorlog had te maken.

Later wil ik trouwen met een man als opa, dacht ik altijd. Maar wel een stuk jonger. Eentje die zo sterk is dat hij kilo-

meters met een bankschroef van vijfentwintig kilo kan lopen. En eentje die af en toe zwijgend voor zich uit staart en
diep vanbinnen een geheim heeft, en dan vraag ik er niet
naar.

Zo was het geweest. De vader-opa bestond nu alleen nog
in mijn herinneringen. Opa had de kracht in zijn benen ver-
loren. Hij kon niet meer knutselen en tuinieren. Hij kon
niets meer. Hij werd stil en somber.

# *Twee*

Ik maakte me ineens zo'n zorgen om opa dat ik op mijn fiets sprong en de stad uit reed om te kijken hoe het met hem was. Ik sjeesde door de straten op weg naar zijn dorp, zo'n tien kilometer van de stad. Ik reed door een park en kwam in een gebied met bossen, akkers en weilanden. Ik hoorde vogels, zag een egel in de berm, ik stapte af om naar paarden en schapen te kijken. Al het stadslawaai was uit mijn hoofd gewaaid.

Ik reed langzaam verder, de opa-en-omawereld binnen, die zo heel anders was dan mijn stadswereld. De opa-en-omawereld, waar bramen groeiden en kersen en appels. Waar je groente kon eten uit eigen tuin.

Ik fietste niet meteen het dorp in, want het was prachtig weer. Mijn zorgen om opa ebden weg en daarom nam ik de omweg langs de rivier om de nieuwbouwwijken te mijden. Over het landweggetje, langs boerderijen, door een stukje bos en over de populierenlaan. Daarna fietste ik over de oude brug het dorp in.

Oma snoeide de bramenstruik toen ik het pad op reed.

'Dag omaatje,' zei ik.

'Dag lieverd,' zei oma. 'Kom je weer eens buurten?'

Ik woonde niet echt in de buurt, maar toch vond ik buurten een leuk woord, net zoals bramenstruik en populierenlaan. Echte opa-en-omawoorden.

Ik zette mijn fiets tegen de schuur. Oma kwam naar me toe. Ze kuste me en ik kuste haar zachte rimpelwang.

'Hoe gaat het met opa?' vroeg ik.

Ze schudde bezorgd haar hoofd.

'Hij zit al de hele dag te suffen in de kamer en hij zegt niets.'

Ik liet niets merken van mijn opluchting. Ik had me voor niets zorgen gemaakt.

'Het zou fijn zijn als hij in de tuin kon zitten,' zei oma. 'Het is zulk mooi weer. Wil je me helpen?'

'Dat is goed,' zei ik. 'Ik ga eerst opa even dag zeggen.'


Opa glimlachte toen ik de kamer binnen kwam. Het was nog diezelfde glimlach, waarin ik altijd las dat ik zijn favoriete kleinkind was. Ik wist niet of het echt zo was, hij had nog vijf kleinkinderen en misschien glimlachte hij naar hen op dezelfde manier.

'Ga je mee naar de tuin?' vroeg ik.

'Dat is goed,' zei hij.

'Het is prachtig weer,' zei ik. 'Ik zal eerst de stoelen naar buiten brengen.'

Ik zette de parasol op en bracht drie stoelen en een tafeltje naar de tuin. Daarna ging ik terug naar opa.

Hij stond moeizaam op uit zijn stoel en pakte zijn looprek. Stapje voor stapje ging hij de kamer uit.

Ik had van mijn moeder geleerd dat ik achter hem moest lopen met mijn armen als een grijper om zijn rug. Dan kon je hem het best opvangen als hij zijn evenwicht verloor.

Hij tilde zijn looprek op, zette het een stukje verder neer en deed drie schuifelpasjes.

We liepen naar buiten, de tuin in. We kwamen langs de kersenboom waar hij tot zijn tachtigste nog in was geklommen om er een net over te spannen tegen de vogels.

Op het grasveldje stonden de drie stoelen en de parasol. Zo dichtbij en tegelijkertijd zo ver weg.

Opa wankelde. De grijper klapte dicht. Met moeite hield ik hem staande. Opa hijgde en draaide moeizaam zijn hoofd naar de kersenboom. Een spreeuw pikte er kersen uit.

'Gaat het, opa?' vroeg ik. 'Kan je nog verder?'

Hij knikte.

Ik keek naar de moestuin en zag de plek waar ooit mijn tuintje was. Ik had het jarenlang bijgehouden, maar het was nu verwaarloosd, zoals de hele moestuin. Mijn oom hield het nog zoveel mogelijk bij, maar het leek niet meer op de mooie moestuin die opa ooit had. De bloementuin was nog altijd prachtig, lekker wild.

We kwamen bij de tuinstoelen.

'Ga daar maar zitten,' zei ik, terwijl ik naar de dichtstbij-zijnde stoel wees.

Opa draaide een slag en zakte in de tuinstoel. Hij kon geen woord meer uitbrengen. Hij was vermoeider dan een atleet na een marathon. Ik kon me niet voorstellen dat hij ooit kilometers had gelopen, al helemaal niet met een bankschroef van vijfentwintig kilo.

Oma kwam met frisdrank en koeken de tuin in.

'Het is heerlijk hier,' zei ze. 'Wat fijn dat jij er bent en dat je opa naar de tuin kon brengen. Ik kan het niet meer. Ook niet met de rolstoel. Dat is te zwaar voor me.'

'Je hebt het wel moeilijk,' bromde opa, die weer wat op adem was gekomen.

Oma verstond hem niet of deed alsof.

'Ik ga nog wat bramen plukken,' zei ze. 'Dan kun je die meenemen naar huis. Je vindt bramen toch lekker?'

'Heerlijk,' zei ik.

Ze draaide zich om en liep naar de bramenstruiken. Ik ging bij opa zitten. Hij zakte steeds verder scheef in zijn stoel.

Ik wist niet wat ik tegen hem moest zeggen. Hij keek zo moe en ongelukkig. Ik pakte de koeken van het tafeltje en reikte hem er een aan.

Opa schudde zijn hoofd.

'Ik kan geen hap meer door mijn keel krijgen,' zei hij. 'Niets smaakt me meer. Ik zou net zo lief dood zijn.'

Een spreeuw fladderde geschrokken op. Toen was het stil. Alleen mijn hart hoorde ik bonken. Gelukkig had oma het niet gehoord.

'De oorlog... we deden een moord voor wat eten. Moord... Ik zat in een kamp.'

'Een kamp?' vroeg ik.

'Een, eh... hoe heet dat? Een strafkamp... con... con... centratie...'

'Een concentratiekamp?'

'Stil,' zei opa geschrokken. 'Dat moet je niet tegen haar zeggen, hoor.' Hij knikte in oma's richting. 'Zij kan daar helemaal niet tegen.'

'Waar niet tegen?' vroeg ik.

'De oorlog. Daar moet je met haar niet over beginnen. Beloof je dat?'

'Ja, opa,' zei ik.

Ik voelde me zweverig als een luchtballon.

'Ik moet zo vaak aan de oorlog denken. Vind je het vervelend als ik het daarover heb? Mensen kunnen er niet tegen, hè.'

Langzaam daalde ik weer op aarde neer.

Hij keek me aan. 'Waarom vertel ik dit allemaal? Het is zo'n mooie dag en ik verveel je met oorlogsverhalen.'

'Nee,' zei ik snel. 'Je verveelt me echt niet. Ga maar verder.'

Opnieuw hapte opa naar adem.

'Ik heb het nooit kunnen vergeten... Nooit... Ik heb het aan niemand verteld... Aan niemand...'

Zijn mond begon te trillen en er gleed een traan over zijn wang.

'Ik snap niet waarom dat nu ineens allemaal boven komt... nu... Het was net zo'n warme dag als nu... Het was zo erg...'

Ineens stond oma naast me met een emmertje bramen.

'Kijk eens hoeveel,' zei ze opgewekt. 'En er zijn er nog veel meer.'

Toen keek ze naar opa en haar gezicht betrok. 'Wat is er gebeurd?' vroeg ze. 'Antoon, heb je gehuild?'

'Hoe kom je daar nou bij,' bromde opa, en hij veegde de traan weg met zijn mouw. 'Ik heb me verslikt in de limonade.'

Oma keek naar het volle glas op tafel en daarna naar mij.

Die middag heeft hij er niets meer over gezegd. Hij probeerde het nog wel, nadat ik hem had teruggebracht naar de kamer en we weer even alleen waren.

'Ja, de oorlog,' zei opa. 'Ik wilde je wat vertellen. Luister... de... eh... wat... de...'

Steeds opnieuw begon hij een zin en steeds opnieuw struikelde hij over de woorden.

Hij schudde vertwijfeld zijn hoofd.

'Zo gek,' zei hij. 'Ik ben ze kwijt... de woorden... ik ben ze kwijt.'

# Drie

Ik was in de war toen ik naar huis terugfietste met een emmertje bramen en een flesje bessensap. Ik wilde graag dat
opa nog lang zou leven, maar mocht ik dat willen als hij zelf
net zo lief dood was? Er was zo weinig meer over van mijn
vader-opa.

Thuis plofte ik op de bank.

Mam deed de bramen in een kom en zei: 'Wat een schat,
hè. Oma zal ook nooit vergeten om iets mee te geven.'

'Mam,' zei ik, 'wist jij dat opa in een concentratiekamp
heeft gezeten?'

'Wat zeg je nou?' vroeg mijn moeder. De bramen rolden
geschrokken over de aanrecht.

Mam werd helemaal wit en haar ogen stonden wagenwijd
open.

'Wie heeft je dat verteld?' vroeg ze, terwijl ze naar me toe
kwam.

'Opa.'

'Dat meen je niet,' zei mam. Ze kreeg weer wat kleur op
haar wangen en glimlachte. 'Je maakt een grapje.'

'Het is geen grapje!'

Ik werd bijna kwaad.

Mam ging tegenover me zitten.

'Niet te geloven,' zei ze. 'Ik tril er helemaal van. Het kan gewoon niet waar zijn. Zou hij dat zijn hele leven verzwegen hebben? Ik kan het me niet voorstellen. Hij moet in de war zijn geweest.'

*In the war*, dacht ik, maar ik zei: 'Misschien vertelde hij het juist omdat hij in de war was. Zoiets verzin je toch niet?'

'Hij zegt de laatste tijd wel vaker onbegrijpelijke dingen,' zei mam. 'We kunnen het beter laten rusten. Opa en oma hebben hulp nodig. Dat is op dit moment veel belangrijker dan vragen waar we nooit het antwoord op vinden.'

'Hoe weet je dat nou?'

'Zei hij in welk concentratiekamp hij zat?'

'Nee.'

'Kijk, daar heb je het al. Hoe wil je er dan achter komen? Zijn broers en zijn zus zijn dood. En meer familie is er niet.'

Ik haalde mijn schouders op.

'Wanneer hebben opa en oma elkaar leren kennen?' vroeg ik.

'Kort na de oorlog,' zei mam. 'Hij heeft weinig over de oorlog verteld. Ik weet wel dat hij in Frankrijk heeft gewerkt.'

'En een bankschroef heeft meegenomen,' zei ik.

Mam glimlachte. 'Ongelooflijk, hè?' zei ze. 'Maar ik weet niet wat er verder met hem is gebeurd.'

'Weet je wat hij nog meer zei?' vroeg ik.

Ik vertelde dat opa had gezegd dat hij net zo lief dood was.

De tranen sprongen in mams ogen.

'Zei hij dat echt? Met mij wil hij nooit over zulke dingen praten. Ik zei een keer tegen hem: "Moeilijk, hè, oud worden?" Toen beet hij me toe: "Daar mag je niet over praten."

Zo'n man is het, hij zegt nooit wat er in hem omgaat.'

'Tegen mij dus wel,' zei ik.

Mijn moeder keek me hoofdschuddend aan en vroeg: 'Heb je het aan oma verteld?'

'Nee, want dan zou ze heel verdrietig zijn geworden. Dat snap je toch wel?'

'Ja. Natuurlijk. Je hebt het goed gedaan. Mijn god, wat zal ik hem missen als hij er niet meer is. Ik snap best dat hij oud is en dat oude mensen sterven, maar ik wil hem nog niet kwijt.'

Ik ging bij haar zitten en legde mijn arm om haar schouder.

De opapa met wie ik kon knutselen en tuinieren was ik al kwijt. Opa was nu een oude man, die langzaam bezig was dood te gaan, die in de oorlog had geleefd en dingen had meegemaakt waar niemand iets van wist. Hoe langer ik er over nadacht, hoe nieuwsgieriger ik werd. Ik kon me niet voorstellen dat hij zijn kampverhaal had verzonnen. Waarom had hij het juist aan mij willen vertellen? Waarom had hij daar vroeger nooit met oma over gesproken? En waarom wist mijn moeder er ook niets van?

Over een poosje was hij dood en dan zouden al zijn verhalen met hem mee het graf in gaan en zou ik achterblijven met het gevoel dat ik mijn opapa nooit echt had gekend.

# Vier

Mam vond dat opa en oma meer hulp moesten krijgen. Avondenlang belde ze met haar drie zussen en broer om een bezoekschema te regelen.

'Elke dag moet iemand van ons ernaartoe,' zei ze. 'Ma kan het alleen echt niet meer aan.'

De familiebanden werden dus flink aangehaald en dat leverde mij een computer op.

Op een zondag, toen ze met z'n allen bij ons kwamen om over opa en oma te praten, gaf tante Ingrid mij een toetsenbord, een printer en twee luidsprekers.

'De rest moet je zelf komen halen,' zei ze. 'Dat is voor mij te zwaar.'

Dus ging ik de volgende zaterdag naar Apeldoorn, want daar woonde ze. Mijn neef Mark haalde me met de fiets af van het station. Ik had hem sinds mijn kindertijd, toen we wel eens bij elkaar logeerden, niet meer gezien.

Zijn kindergezicht, zoals dat ergens in mijn hoofd was opgeslagen, werd in enkele seconden acht jaar ouder. Ik herinnerde me de glinstering in zijn ogen, het kleine litteken op zijn voorhoofd en zijn verlegen glimlach, maar als ik hem zomaar op straat was tegengekomen had ik hem nooit herkend.

'Kleine nichtjes worden groot,' zei Mark.

'Kleine neefjes ook,' zei ik. Hij pakte zijn fiets en ik sprong achterop.

Ik zei: 'Het is hier wel mooi.' En tegelijkertijd legde ik voorzichtig mijn handen op zijn heupen.

'Ja, hoor,' zei hij. 'Apeldoorn is zo slecht nog niet. Herken je het nog?'

'Dit stuk niet,' zei ik.

Van een vroeger logeerpartijtje herinnerde ik me vooral het bos waar we bosbessen gingen plukken en ineens wist ik weer dat hij me daar had gezoend, een vlug kusje op mijn wang toen we even alleen waren, uit het zicht van de volwassenen. Ik had hem ook een kusje gegeven en hij zei: 'Nu zijn we voor eeuwig verbonden.' Ik was toen acht en hij was tien. De rest van de middag plukten we zwijgend bosbessen en wierpen we geheime blikken naar elkaar. Zou hij dat nog weten?

'Hier is het,' zei Mark. Hij reed de stoep op en sloeg een steegje in. Ik sprong van de fiets. Mark duwde een hekje open en we liepen de achtertuin in.

Binnen stonden het beeldscherm en de computertoren al op de tafel. Ik keek de kamer rond en herkende allerlei voorwerpen van vroeger: het schilderij van een schip in de storm, de piano, het dressoir en het beeldje van een engel met een trompet waar ik vroeger vaak naar keek, omdat ik nog nooit een engel met een trompet had gezien.

'We moeten wachten op mijn vader,' zei Mark. 'Die brengt ons naar het station. Wil je wat drinken?'

Ik knikte. 'Waar is je moeder?' vroeg ik.

'Bij opa en oma. Appelsap?'

Ik knikte weer. 'Daar is mijn moeder ook vaak,' zei ik. 'Het gaat steeds slechter met opa.'

Mark schonk twee glazen appelsap in en zette er een voor me op tafel.

'Hij is behoorlijk dement aan het worden,' zei hij.

Ik schrok van dat woord. Het klonk zo hard. Niemand had dat nog gezegd.

'Tegen mij begon hij over de oorlog,' zei ik. 'Hij zei dat hij in een strafkamp had gezeten.'

Mark zei niets.

We dronken en zwegen een tijdje.

'Je hebt toch twee zusjes?' vroeg ik toen.

'Zusjes?' vroeg Mark lachend. 'Zussen! Els is getrouwd en Sonja woont op kamers.'

'O ja,' zei ik. 'Els en Sonja.' Els was een spichtig meisje met blond haar. Of was dat Sonja?

Marks vader kwam binnen. Oom Thijs was een grote man met een snor en zwart, achterovergekamd haar.

'Ha, die Karen!' riep hij. 'Meid, wat ben jij prachtig geworden! Vind je niet, Mark?'

'Pa, stel je niet zo aan,' zei Mark. Hij bloosde.

Oom omhelsde me en drukte een harige kus op mijn wang. 'We hebben elkaar veel te lang niet gezien,' zei hij. 'Als het slecht gaat, trekt iedereen weer naar elkaar toe. Dat zie je altijd!'

Mark stopte het beeldscherm in een rugzak en de toren in een grote vakantietas. Oom Thijs bracht ons met de auto naar het station. Hij sjouwde samen met Mark de spullen de trein in. Mark ging met me mee terug.

'Weet je dat ik vroeger wel eens bij je heb gelogeerd?' vroeg hij onderweg. Ik knikte.

'Je had toen een konijn,' zei hij.

'Stampertje,' zei ik. Ik zag hem meteen weer voor me.

'We deden zijn keuteltjes in een schaaltje en zeiden tegen de kinderen uit de straat dat het dropjes waren.'

'O ja,' zei ik. Ik werd rood, maar wist niet waarom.

'Jij hebt ook eens bij mij gelogeerd,' zei hij.

'Er was een spoorlijn bij jullie in de buurt,' zei ik snel. 'Aan de overkant woonden kinderen die met stenen gooiden. Er werd een jongetje op zijn hoofd geraakt.'

'We hadden altijd ruzie met die kinderen,' zei Mark. 'De spoorlijn was een grens tussen ons en hun gebied.'

'Gek, hè,' zei ik. 'Al die herinneringen. Ik wist niet eens meer dat ik ze nog had.'

We stapten uit, hij zeulend met de zware vakantietas en ik als een soort Quasimodo met de rugzak met het beeldscherm.

Thuis gingen we meteen naar mijn kamer.

Mark hielp me de computer te installeren. Hij had er veel verstand van. Terwijl ik achter het beeldscherm zat, stond hij gebogen naast me en vertelde hoe de computer werkte. Hij raakte per ongeluk mijn borst aan.

'Sorry,' zei hij, terwijl hij me verlegen aankeek.

'Geeft niet,' zei ik.

Mark trok de telefoonlijn door en installeerde internet. Na een uurtje was hij klaar. Ten slotte meldde ik me aan bij Hotmail, gaf ik mijn e-mailadres aan Mark en hij het zijne aan mij.

'Is het gelukt?' vroeg mam.

'Hij werkt,' zei Mark.

'Je boft maar met zo'n neef,' zei mam lachend.

's Avonds na het eten ging Mark weer terug. Toen ik de

deur voor hem opendeed, kwam mijn vriendin Anna aange-
lopen. Ze keek Mark na.

'Zo hé! Wie is dat stuk? Je nieuwe vriendje?'

'Mark,' zei ik. 'Mijn neef. Hij heeft mijn nieuwe computer
aangesloten.'

'Echt?' zei ze. 'Laat zien.'

We gingen naar mijn kamer en kropen achter de computer. Anna vond een racespelletje in het programma.

Mam kwam de kamer in.

'Karen, hoor 's.'

'Wacht even!' riep ik, 'anders rij ik me te pletter. Daar heb
je het al!' Ik knalde tegen een rotswand, maakte een rare
zwieper en sloeg over de kop.

'Ik ga naar opa en oma,' zei mam. 'Ik kom vanavond weer
terug.'

'Best,' zei ik.

Mam ging weg en Anna zei: 'Vertel 's over je neef.'

'Zeg, hou op!' zei ik.

Ze keek me aan en begon te lachen. 'Je bloost!' riep ze.
'Ben je verliefd?'

'Nee, natuurlijk niet,' zei ik.

'Pas op voor inteelt, hoor!' zei ze.

'Getver,' zei ik.

'Marokkanen en Turken worden vaak uitgehuwelijkt aan
hun neef of nicht.'

'Zeg An, hou op!'

'Kun je je neef niet bij mij langs sturen? Mijn neven zijn
vreselijk irritant. Etterjochies. Heb je nu ook internet?'

'Ja,' zei ik. En toen hebben we gechat, gesurfd en spelletjes
gedaan totdat het ineens donker was.

# Vijf

's Morgens fietste ik over de kanaalbrug naar school. Vracht-
wagens suisden langs me heen en het was alsof met het op-
stuivende stof de herinneringen mijn hoofd binnen waai-
den.

Ik was een jaar of zes. Ik logeerde met Mark bij opa en
oma. We deden verstoppertje. Ik zat in de schuur achter een
stapel balken. Dat was tegen de afspraak, want we mochten
ons alleen buiten verstoppen. Maar ik kon het niet uitstaan
dat Mark me steeds zo makkelijk vond.

Tussen de balken door gluurde ik naar buiten. Ik hield
mijn adem in. Ik hoorde voetstappen. Ze waren niet van
Mark, maar van opa. Hij liep de schuur in en sloot de deur
achter zich. Ik durfde niet uit mijn schuilplaats te voorschijn te komen.

Opa haalde ergens een kistje vandaan. Hij pakte er een
schrift uit. Hij las en begon zachtjes te huilen. Daarna legde
hij het schrift terug en ging naar een plek waar ik hem niet
kon zien. Ik bleef ademloos zitten en was heel bang dat hij
me zou ontdekken. Buiten hoorde ik Mark roepen: 'Oma,
heb jij Karen gezien?'

Ik had er spijt van dat ik me in de schuur had verstopt en dat ik iets had gezien wat ik niet had mogen zien. Ik werd er misselijk van. Het duurde nog lang voordat opa wegging. Toen ben ik door een raampje naar buiten geklauterd en over een hek geklommen. Ik kwam via het pad weer bij het huis uit. Mark zat in de keuken een boterham te eten en riep: 'Waar was jij?'

Opa zat stilletjes aan de keukentafel en keek me aan. 'Ergens in de tuin,' zei ik. 'Maar ik zeg niet waar.'

Het bleef de hele dag in mijn hoofd rondspoken. Was het echt gebeurd of had ik het gedroomd? Ik kon het niet uitstaan! Ik móest dat kistje vinden, bedacht ik tijdens de wiskundeles. Het was de enige manier om erachter te komen of het echt bestond.

Bij Nederlands zag ik de honderden kistjes die opa in de schuur had verzameld voor me.

En bij scheikunde realiseerde ik me dat er iets vreemds aan de hand was, want tot mijn negende of tiende jaar zagen Mark en ik elkaar regelmatig, maar daarna niet meer. Waarom?

Toen ik weer thuis was, vroeg ik het aan mijn moeder.

'Ingrid en ik hadden ruzie, maar we hebben het weer goedgemaakt, hoor,' zei mam. 'Zand erover.'

'Zand waarover?' vroeg ik.

'Nou ja,' zei mam een beetje geïrriteerd. 'We konden een tijdje niet zo goed met elkaar overweg, maar dat is nu uitgepraat.'

'Wat is uitgepraat?'

'Het was een vervelende periode,' zei mam. 'Maar het is nu voorbij.'

'Vertel het nou.'

'Na de scheiding met je vader verweet Ingrid mij van alles. Ze vond de scheiding onnodig en sindsdien voelde ik me ongemakkelijk bij haar en zij bij mij. Het is nu weer goed tussen ons, anders had ze je nooit de computer cadeau gedaan.'

Mijn eerste e-mail. Van Mark.

Hoi Karen,

Lukt het een beetje met de computer? Als je iets wilt weten kun je het me altijd vragen. Ik vond het leuk om je weer te zien. Ik ken bijna niemand van de familie. Ik hou niet zo van familiefeestjes, maar met jou zou ik wel contact willen houden. Familie is toch wel belangrijk. Wat vind jij? Mijn moeder en jouw moeder hebben ruzie gehad. Daarom hebben we elkaar zo lang niet gezien. Wist je dat? Mijn moeder gelooft niet dat opa in de oorlog in een kamp heeft gezeten. Als dat zo was, had hij het me wel verteld, zegt ze. Mail je me?
Mark.

Hallo Mark,

De computer doet het perfect. Ik vond het ook leuk om jou weer te zien. Ik moest ineens aan vroeger denken, toen we bij elkaar logeerden. Ik denk veel aan opa. En jij? Wil je een keer bij me komen? Zaterdag is mijn moeder bij opa en oma. Kun je dan? Ik moet je wat vertellen. Doe je het?
Ik kan me wel voorstellen dat jouw moeder het niet gelooft, maar opa heeft het zelf tegen mij gezegd.
Karen.

# Zes

Opa was steeds vaker in de war. Op een dag zat ik met hem aan tafel. Hij tastte als een blinde over het tafelzeil en pakte zijn scheerapparaat en zijn brillenhoes. Hij bekeek ze van alle kanten. Toen probeerde hij het scheerapparaat in de brillenhoes te stoppen.

'Opa,' zei ik, 'dat kan niet. Het scheerapparaat past daar niet in.'

'Het heeft er altijd in gepast,' zei hij.

'Nee, je vergist je. In een brillenhoes hoort een bril. Geen scheerapparaat.'

'Dat weet ik ook wel,' zei hij. Maar hij ging toch door en probeerde nog krachtiger het scheerapparaat in de hoes te duwen. Hij liep rood aan.

'Hoe kan dat nou?' zei hij verbaasd.

Hij onderzocht de brillenhoes en probeerde het opnieuw.

'Het past echt niet!' zei ik. De tranen sprongen in mijn ogen.

Hij pakte het doosje waar het scheerapparaat wel in hoorde. Hij opende het en voelde aan de fluwelen binnenkant. Toen legde hij het scheerapparaat in de doos.

'Ja, opa,' zei ik opgelucht, 'daar moet het in.'

Hij pakte zijn bril en legde die bij het scheerapparaat in het doosje. Hij probeerde het dicht te doen.

'Opa,' zei ik wanhopig, 'dat past toch niet!'

'Dat zie ik zelf ook wel,' zei hij.

Hij pakte de bril eruit en tuurde wezenloos in de verte. Hij leek een baby die nog niet snapt hoe de wereld in elkaar zit.


Mam had ervoor gezorgd dat er 's morgens en 's avonds een verpleegster kwam. 's Morgens haalde ze opa uit bed, waste hem, kleedde hem aan en bracht hem naar de keuken. 's Avonds kwam ze rond een uur of zes en ze nam opa mee naar de badkamer om hem te wassen en in zijn pyjama te helpen.

'Dat had ik nooit kunnen denken,' zei oma. 'Dat we ooit zo zouden worden.'

'We?' vroeg ik. 'Met jou gaat het toch nog goed?'

Ze keek me aan met vermoeide ogen.

'Ik word ook steeds krakkemikkiger,' zei ze.

De verpleegster kwam met opa uit de badkamer.

'Gaat u mee, meneer?' vroeg ze. 'Dan leg ik u in bed.'

'Pas op met die verpleegstertjes, hoor,' zei oma. 'Ze nemen je maar mee naar de badkamer en brengen je naar bed.'

'Ja, we rollebollen wat af,' zei de verpleegster. 'En ik heb er vanavond nog zes.'

Oma gaf opa een kusje. 'Welterusten, lieverd,' zei ze. 'Slaap maar lekker.'

'Er ligt een hoofd in de wasbak van de badkamer,' zei opa. 'Het moet daar weg.'

'Een hoofd?'

'Je hoort toch wat ik zeg?'

'Ja,' zei oma. 'Ik zal het wegdoen.'

De verpleegster keek oma aan en haalde haar schouders op.

'Kom maar, meneer,' zei ze. Ze liep achter opa aan de keuken uit.

Oma ging weer aan tafel zitten.

'Een hoofd in de wasbak,' zei ze zacht. 'Laatst zag hij een trein door de keuken rijden en gisteren zag hij prikkeldraad in zijn pap.'

De keukendeur ging open en tante Ingrid kwam binnen.

'Dag moedertje,' zei ze. 'Hoe gaat het?'

'Kan niet beter,' zei oma glimlachend.

'Dat klinkt opgewekt.'

'Maar het betekent: hij kan niet meer beter worden. Dat zeg ik tegenwoordig maar, want ik hou niet van dat geklaag.'

'Nee,' zei Ingrid. 'Jullie zijn gelukkig nooit van die zeurpieten geweest. Daarom houden we zo van jullie.'

'Zo mag ik het horen,' zei oma.

'En Karen, hoe gaat het met jou?'

'Best, hoor,' zei ik. 'Nog bedankt voor de computer. Hij werkt perfect.'

Tante Ingrid glimlachte. 'Daar ben ik blij om,' zei ze.

De verpleegster kwam de keuken in.

'Meneer viel meteen in slaap,' zei ze.

Ze pakte een pen en sloeg een map open. Ik keek met haar mee. Ze schreef: 'Meneer heeft steeds vaker waanvoorstellingen. Meneer zag een hoofd in de wasbak.'

Ze sloeg de map dicht en keek op haar horloge. 'Zo,' zei ze, 'op naar de volgende.'

'Kunnen Karen en ik even een ommetje maken, Ingrid?'

vroeg oma. 'En wil jij dan een oogje in het zeil houden?'

'Doe ik,' zei ze.

We gingen naar buiten. Oma gaf me een arm en we liepen lekker langzaam in de pas.

'Wat een mooie avond,' zei ze. 'Fijn om er even uit te zijn. Daar komt het zo weinig van.'

We liepen over een donker weggetje, langs een oude kerk, en ik keek naar de sterrenhemel en naar de halve maan en ik dacht: zo is het goed, hier met oma, arm in arm.

'Oma,' vroeg ik, 'vertelde opa wel eens over de oorlog?'

'Nooit,' zei ze. 'Daar wilde hij niet over praten.'

'Waarom niet?'

'Hij werd kwaad als ik ernaar vroeg. "Hou erover op," beet hij me dan toe. "De oorlog is voorbij."'

'Zou er iets met hem gebeurd zijn?' vroeg ik.

'Ja, dat heb ik ook vaak gedacht. Hij had vroeger wel eens nachtmerries. Dan werd hij gillend wakker, badend in het zweet. "Wat is er?" vroeg ik dan, want hij keek zo raar voor zich uit. "Ik weet het niet," zei hij. "Ik weet het echt niet." Dat vond ik moeilijk, hoor.'

'Zou je willen weten wat er gebeurd is?'

'Daar komen we toch niet meer achter,' zei oma. 'Al zou hij het willen, hij kan er niet meer over vertellen. Je ziet zelf dat hij ook geestelijk achteruitgaat.'

'Maar zou jij het wel willen weten?'

'Daar schieten we toch niets mee op, kindje. We moeten het verleden maar laten rusten.'

Ik vond het erg dat ik iets van opa wist wat zij niet wist.

'Heeft opa misschien ergens een geheim kistje?'

'Een geheim kistje?' vroeg ze verbaasd. 'Waar zou hij dat dan moeten hebben?'

'In de schuur.'

'Daar staan honderden kistjes,' zei oma. 'Maar volgens mij zitten daar alleen spijkers en schroeven in.'

'Maar als hij toch zo'n kistje zou hebben, zou je dan willen weten wat er in zit?'

'Natuurlijk,' zei oma. 'Maar zo'n kistje is er niet. Anders zou ik het toch wel weten? Waarom zou hij dingen voor mij verborgen houden?'

Ik merkte dat oma van streek raakte en daarom ging ik er niet verder op door.

Ze was een tijdje stil. 'Het is een mooie avond,' zei ze toen. 'Veel te mooi om aan oorlog te denken.'

We kwamen langs een snackbar, waar een jongen op een brommer zat. Een meisje stond dicht tegen hem aan. De jongen sloeg zijn armen om haar heen en ze kusten elkaar. Ik nam me voor om nooit een jongen te kussen die op zijn brommer bleef zitten.

'Oma,' vroeg ik, 'wat is het allermooiste moment geweest in je leven?'

'Kindje, wat een vraag. Het allermooiste moment?'

Ze lachte zachtjes. 'Weet je waar ik ineens aan moet denken? Vroeger, toen de kinderen nog klein waren, woonden we op een klein bovenhuis. Opa, nou ja, hij was toen natuurlijk nog geen opa, verdiende niet zoveel en we hadden dan ook geen geld om sinterklaascadeautjes te kopen. Daarom gingen we 's morgens allebei een krantenwijk lopen om extra geld te verdienen. Onze wijkjes kruisten elkaar en als we elkaar dan tegenkwamen, lachte hij naar mij en hij zwaaide en ik lachte naar hem en zwaaide. Elke morgen keek ik uit naar dat moment en dan voelde ik me zo gelukkig.'

Ik kreeg er een brok van in mijn keel. Het was net een gedicht.

'Dat waren mooie dingen,' zei oma. 'Samen iets doen voor de kinderen. En toen we eindelijk van dat bovenhuisje weg konden en hiernaartoe verhuisden was dat ook een mooi moment. De kinderen waren zo gelukkig, eindelijk een huis met een tuin.'

'Zou je in deze tijd willen leven?' vroeg ik. 'Als je nu jong was?'

'Ja hoor,' zei oma. 'Ik heb het altijd jammer gevonden dat ik niet heb kunnen leren. Toen ik twaalf jaar was ging ik al in betrekking als huishoudster, dus van leren kwam niks.'

'Als je had kunnen leren, wat had je dan willen worden?' vroeg ik.

'Iets met kinderen,' zei oma. 'Onderwijzeres. Maar we hebben het niet voor het zeggen, kindje.'

We liepen nog een tijdje zwijgend door. We keken naar de sterren, we keken naar de maan en ik voelde me gelukkig, omdat ik nog een oma had.

# Zeven

Mark kwam 's zaterdags toen mam bij opa en oma was. Mijn hart bonkte toen ik de deur opendeed.

'Waar wil je met me over praten?' vroeg hij.

'Ga zitten,' zei ik. 'Ik hoop dat je me niet uitlacht, maar ik moet er met iemand over praten.'

Ik vertelde hem over de herinnering, die misschien een droom was. Mark lachte niet. Hij keek me strak aan.

'Het zou kunnen,' zei hij.

'Maar misschien is het onzin,' zei ik. 'Als ik naar dat kistje ga zoeken, zoek ik misschien naar iets wat niet bestaat.'

Mark pakte mijn hand en keek me aan. Ik vond het fijn, maar ik vroeg me tegelijkertijd af of dit wel kon, als neef en nicht.

'We gaan er meteen naartoe,' zei hij.

'Nu?'

'Ja, waarom niet?'

'Maar ik kan toch moeilijk tegen oma en mijn moeder zeggen dat we op zoek zijn naar een kistje dat misschien niet bestaat,' zei ik.

'Dat hoeft ook niet,' zei Mark. 'We gaan zoeken zonder dat ze het doorhebben.'

'Vind je dat niet een beetje gluiperig?' vroeg ik.

'Dat wel,' zei Mark. 'Maar we willen het toch weten?'

Hij keek me aan en zijn ogen schitterden. Ik wilde best nog een tijdje zo blijven zitten.

'Kom, we gaan,' zei Mark. Hij liet mijn hand los en stond op.

We gingen naar buiten. Ik pakte mijn fiets.

'Ga jij maar achterop,' zei ik. Mark sprong op de bagagedrager en legde zijn handen op mijn heupen en zo fietste ik met Mark de stad uit, de opa-en-omawereld in.

Mam keek verrast op toen we kwamen aanzetten, maar voordat zij iets kon vragen zei Mark: 'Ik wilde opa en oma weer 's zien.'

'O,' zei ze. Ze keek naar Mark en toen naar mij. 'Goed idee.'

Oma was blij ons te zien, vooral toen ik zei dat we kwamen om te helpen in de tuin.

Mijn eerste poging om naar het kistje op zoek te gaan mislukte. De schuurdeur was op slot, dus ik moest iets verzinnen om naar binnen te kunnen.

'Oma,' zei ik, 'zal ik het gras voor je maaien?'

'Is het weer nodig?'

'Het groeit snel hoor, gras.'

'Ik vind het best,' zei oma. 'De grasmaaier staat in de bijkeuken.'

'In de bijkeuken? Hij staat toch in de schuur?'

'De oude grasmaaier wel, maar je kunt beter de elektrische gebruiken. Dat gaat veel sneller.'

'O,' zei ik. Ik kreeg het heel warm. 'Maar eh... Ik doe het toch liever met de oude. Ik hou niet zo van die elektrische apparaten. Anders ga ik wel onkruid wieden met de schoffel uit de schuur.'

'Ik vind het fijn dat je wat voor me wilt doen, kindje,' zei oma, 'maar dat onkruid, daar is geen beginnen aan. Dan kun je nog beter gras maaien.'

Mark lachte toen ik de elektrische grasmaaier uit de bijkeuken haalde. Hij had blijkbaar iets beters bedacht, want ik zag hem even later naar de schuur lopen. Hij opende de deur, zwaaide naar me en ging naar binnen. Hij deed de deur achter zich dicht.

Ik ging door met maaien. Hier en daar stond nog een aardbeienplantje, een aardappelplant of het loof van wortels. Ik herkende nog precies de plek waar vroeger mijn tuintje was. Er groeide nu alleen gras en onkruid.

Ik keek steeds naar de schuur en in gedachten zag ik Mark de kistjes doorzoeken.

'Een beetje hulp kunnen ze wel gebruiken.' Ik keek op en zag een oude man op het pad naast de tuin.

'Jij bent zeker een kleinkind? Ik weet wel hoe je heet, Carla, toch?'

'Karen,' zei ik.

'Je oma heb het vaak over je, dat arme mens. Hoe gaat het nou met haar?'

'Nou ja...' begon ik. 'Ze...'

'Ik maak af en toe maar een praatje met je oma, maar dan merk ik wel dat ze moe is. Dan zegt ze: "Karel", want zo heet ik, "ik mot effe rusten." En dan zeg ik: "Mens, je mot eres uit. Kom 's bij me langs." Maar dat gunt ze d'r eigen niet.'

'O ja,' zei ik. 'Ik moet nu weer verder met maaien.'

'Waarom gaan ze niet in een kleiner huisje wonen?' zei Karel. 'Dit is toch allemaal veels te groot.'

'Ergens anders wonen?' vroeg ik geschrokken. Dit is het opa-en-omahuis en daar moeten ze blijven wonen tot aan hun dood. Snap dat dan, man!

Karel haalde zijn schouders op en liep gelukkig door. Ik ging verder met maaien. Door de ruit van de schuur zag ik af en toe Marks hoofd in het schemerige schuurlicht. Na een halfuur was ik klaar. Ik bracht de maaimachine terug naar de bijkeuken.

'Jullie blijven toch wel een boterhammetje eten?' vroeg oma. 'Ga Mark maar roepen.'

Ik ging weer naar buiten en trok de schuurdeur open. Mark keek geschrokken op.

'O, jij bent het,' zei hij. 'Ik heb zowat in alle kistjes geken, maar ik heb niks gevonden.'

Na de lunch fietsten we terug, over de populierenlaan en het landweggetje en daarna door het bos.

'Weet je dat we vroeger altijd bosbessen gingen plukken als je bij mij logeerde?' vroeg Mark.

'Ja,' zei ik.

'Zouden ze hier ook zijn?' vroeg Mark.

Het was niet de tijd voor bosbessen, dat wisten we allebei. Toch zei ik: 'We kunnen even kijken.'

Ik zette mijn fiets tegen een boom. We liepen het bos in. Mark sloeg een arm om mijn schouders en ik legde mijn arm om zijn middel. We bleven staan en Mark kuste mij en ik kuste hem. We waren er allebei zo beduusd van dat we op weg naar het station geen woord meer tegen elkaar zeiden. Maar toen Mark de trein in stapte, zei hij: 'Ik hoop dat ik je gauw weer zie.'

'Ik ook,' zei ik.

# Acht

Ik moest voorzichtig zijn met mam. Ze was zo snel van streek. Ik kon haar echt niet vertellen dat ik Mark had gekust en dat ik misschien verliefd op hem was. Pas geleden zei ik per ongeluk dat opa dement was. Het was een rotwoord, maar ik had niet verwacht dat ze kwaad zou worden.

'Hoe kom je daar nou bij?' zei ze. 'Hij is af en toe in de war, dat is alles.'

'Je wilt het gewoon niet zien,' zei ik.

'Omdat het niet zo is!' riep mijn moeder.

Ik vertelde haar dat hij niet meer snapte hoe dingen in elkaar zaten en dat hij een hoofd in de wasbak had gezien.

'Zo heb ík hem nog nooit meegemaakt,' zei ze.

'Ik verzin het echt niet. Geloof je me niet?'

Mam schudde haar hoofd. 'Ik vind het gek dat jij heel andere ervaringen met hem hebt dan ik,' zei ze. 'Eerst dat strafkamp en nu dit weer. Hij weet heel goed wat er om hem heen gebeurt.'

Opa was dus af en toe dement. Ik kon er niks anders van maken. Ik nam me voor om er niet meer over te praten.

Ik snapte best dat het moeilijk was voor mam. Eerst had

papa haar in de steek gelaten en nu moest ze afscheid nemen van opa. Maar dat gold toch ook voor mij?

Mijn vader woonde in Mexico. Twee jaar na de scheiding vertrok hij en ontmoette een Mexicaanse, met wie hij trouwde. Hij schreef weinig, hij belde weinig, maar hij had me wel uitgenodigd om in de vakantie naar hem toe te komen. Hij zou de reis betalen. Mexico! Mam wilde er niet over praten, maar voor mij was het een soort droom.

Van vroeger herinnerde ik me vooral de ruzies en dat pap vaak weg was.

Mam had al een tijdje een nieuwe vriend, Richard, met wie ze een knipperlichtrelatie had. Soms zag je hem tijden niet en dan kwam hij weer bijna dagelijks en bleef hij slapen. Ik bemoeide me er niet mee, hoewel ik Richard best aardig vond. Maar ik moest er niet aan denken dat hij bij ons in huis zou komen. Het ging best zo, mam en ik, en ik geloof dat mam er ook zo over dacht.

Ze had altijd tijd voor me gehad, maar dat was veranderd door de zorg voor opa en oma. Ik merkte dat ik zelf ook was veranderd. Het was net alsof ineens tot me doordrong dat ik een verleden had en andere mensen ook. Ik had daar nooit zo bij stilgestaan. Ik leefde op dit moment en maakte plannen voor morgen en volgende week. Maar nu zat ik vaak te mijmeren. Bijvoorbeeld over hoe het was om vroeger, in opa's en oma's tijd te leven.

Toen oma me vertelde dat ze al als twaalfjarige in betrekking moest, klonk dat als een knellend korset en zoiets was het ook. Vroeger mocht je niks, je werd helemaal ingesnoerd.

'Het was armoe bij ons,' zei ze. 'We moesten allemaal het huis uit om geld te verdienen, want de nood was hoog. Acht kinderen waren er, allemaal mee-eters. Ik werkte in een gezin, twee uur fietsen van ons huis. Alleen 's zondags mocht ik naar mijn ouders. Op een zondag was het slecht weer. Het stormde en regende, maar ik wilde per se naar huis. Onderweg, op de dijk, werd ik van mijn fiets geblazen. Huilend ging ik verder. Ik moest uren tegen de storm in lopen om thuis te komen.

Ik was nog maar een kind, hè,' had ze gezegd. 'Ik herinner me ook nog een kermis. Een kennis van mijn vader gaf me geld voor de draaimolen. Ik mocht er wel tien keer in. Gelukkig dat ik was!'

Ze had me aangekeken met glinsterende ogen, alsof ze het geluk van toen weer voelde.

'Ik ben blij dat ik nu leef,' zei Anna toen ik haar het verhaal vertelde.

'Ja, ik ook,' zei ik. 'Maar daar gaat het niet om.'

'Waar gaat het dan om?' vroeg Anna.

'Dat ze er dus zoveel voor over had om zondags toch thuis te zijn.'

'Had jij dan het hele weekend bij die mensen willen zijn?'

'Nee,' zei ik. 'Ik denk het niet.'

'Nou dan!' zei Anna.

Ik bedoelde wat anders, maar dat kon ik niet uitleggen. Ik had het zelf willen meemaken en dat snapte ik niet. Hoe kun je zoiets willen?

Ik zou best eens in een andere tijd willen leven. Misschien was dat het. Niet voor altijd, maar voor eventjes, om te voelen en te zien hoe dat is.

Op een dag stormde het vreselijk. Ik pakte mijn fiets.

'Wat ga je doen?' vroeg mijn moeder.

'Ik ga een stukje fietsen,' zei ik.

'Met dit weer?'

'Ja,' zei ik. 'Juist met dit weer.'

Mijn moeder keek me na alsof ik gek was geworden.

Het was natuurlijk niet hetzelfde, want ik vond het heerlijk om tegen de storm in te fietsen. Ik dacht aan oma en voelde tranen. Maar die kwamen door de wind.

Ik mijmerde over Mark en over opa's oorlogsverhaal.

'Ga 's wat doen,' zei mijn moeder. 'Je hangt al de hele middag op de bank. Moet je geen huiswerk maken?'

Natuurlijk moest ik dat, maar daar had ik geen zin in. Ik had nergens zin in.

'Wat is er met je? Is er wat gebeurd op school?'

Er gebeurde veel op school, maar nauwelijks iets wat me interesseerde. De laatste tijd gleed echt alles langs me heen.

'Ik vroeg je wat.'

'Mam,' zei ik. 'Ik tuur naar de binnenkant van mijn schedel. Mag dat even?'

'Wat zeg je?'

'Ik tuur naar de binnenkant van mijn schedel. En of dat even mag.'

Mijn moeder begon ineens hard te lachen. Dat vond ik wel fijn, want het was een hele tijd geleden dat ik haar had horen lachen. 'De binnenkant van je schedel!' bulderde ze. 'En hoe ziet die eruit?'

'Als een sterrenhemel, maar dan zonder sterren.'

Mijn moeder begon nu nog harder te lachen. 'Waar heb je dat nu weer vandaan?' vroeg ze.

'Dat is voor jou een vraag en voor mij een weet,' zei ik, want dat vind ik een grappige uitdrukking. Op school gooien we elkaar er zowat mee dood.

'Gaat de repetitie geschiedenis nog door?'

'Dat is voor jou een vraag en voor mij een weet.'

Onuitstaanbaar, maar toch leuk.

'Zo kan-ie wel weer,' zei mijn moeder. 'Ga nu wat doen, Karen.'

'Nee,' zei ik. 'Wij gaan samen wat doen.'

'Wij?'

'Ja, wij!'

'Wij gaan samen niks doen. Ik ga zelf wat doen, want ik heb het druk en jij moet je huiswerk maken.'

'Nee, nee,' zei ik, 'dat heb je helemaal mis. Wij gaan praten over opa.'

Mijn moeder kwam bij me zitten en keek me vermoeid aan.

'Wat wil je nu precies weten?' vroeg ze.

'Er moet iets met opa zijn gebeurd,' zei ik. 'Oma vertelde dat hij soms nachtmerries had. Ze denkt dat die met de oorlog te maken hebben.'

'Karen,' zei mam. 'Ik heb het hem gevraagd. Recht op de man af. Ik zei: "Pa, heb jij in de oorlog in een concentratie-kamp gezeten?"

"Hoe kom je daar nou bij?" zei hij. "Ik ben wel een keer opgepakt, maar toen ben ik uit de trein gesprongen."

Laten we erover ophouden, Karen.'

'Hij wil het jullie niet vertellen,' zei ik.

'Waarom niet?'

'Weet ik niet,' zei ik zacht.

'Ik snap best dat je verdrietig bent,' zei mam. 'Opa is heel bijzonder voor jou en nu moet je afscheid van hem nemen.'

Het duizelde me. Beet ik me zo vast in dat oorlogsverhaal uit verdriet? Toch niet alleen daarom?

'Daar gaat het niet om, mam,' zei ik. 'Maar ik zal erover ophouden. Vertel maar iets leuks over opa.'

Mam keek nadenkend voor zich uit en toen verscheen er een glimlach op haar gezicht.

'Toen we nog klein waren,' zei ze, 'had hij een oude motor op de kop getikt. Om ons mee te kunnen nemen, bouwde hij een aanhangwagentje en bevestigde dat aan zijn motor. Het wagentje was overdekt en had raampjes van plastic. Ik zie mezelf er nog in zitten. Vanuit het plastic raampje kon ik mijn vader zien en ik was heel gelukkig. Dat hij zoiets had bedacht! Ik zag de mensen wel kijken als we langskwamen, maar ik dacht dat ze dat deden uit bewondering voor mijn vaders kar.'

Mijn moeder lachte zo hard dat de tranen over haar wangen biggelden. 'Ik voelde me als de koningin in de gouden koets! Prachtig, toch?'

'Mocht dat dan?' vroeg ik.

'Wat?'

'Zo'n wagentje achter een motor?'

'Nee, maar opa deed het toch. Totdat een agent hem aanhield en hem zei dat het verboden was. Hij deed alles op zijn eigen manier. Zo'n man is het.'

'Mooi verhaal,' zei ik.

'Ja,' knikte mijn moeder. 'Zo wil ik me hem blijven herinneren.'

'Had je vroeger wel eens ruzie met je ouders?'

'Natuurlijk.'

'Waarover?'

'We moesten altijd naar de kerk. Ik vond het daar vreselijk. Toen ik klein was moest ik bij mijn ouders zitten, maar later mochten we zelf een plek zoeken. Ik was een jaar of vijftien toen ik in plaats van naar de kerk stiekem met vriendinnen naar het park ging of liftend naar de stad. Mijn ouders dachten dat ik achter in de kerk zat, maar op een dag had ik geen zin meer om eromheen te draaien.

"Ik ga niet meer naar de kerk," zei ik.

Ze waren kwaad. Maar ik hield vol. De eerste weken was er steeds ruzie, maar toen legden ze zich erbij neer en zeiden er niets meer van.'

'Hadden oma en opa wel eens ruzie?' vroeg ik.

Mam keek me nadenkend aan.

'Ze kibbelden wel eens, maar ze scholden elkaar nooit uit voor rotte vis. Opa was wel eens kwaad op haar, maar dan ging hij naar buiten en kwam terug als hij weer gekalmeerd was.'

'Jij had steeds ruzie met papa,' zei ik, en ik had er meteen spijt van dat ik over mijn vader was begonnen.

'We pasten gewoon niet bij elkaar,' zei mam afgemeten.

Ze keek me aan, sloeg haar ogen neer, keek me weer aan. Ik wist wat dat betekende: ze twijfelde of ze me iets zou vertellen. Dus ik zei: 'Zeg het maar, hoor.'

'Nou ja,' zei mam. 'Ik moet ineens denken aan wat oma me eens vertelde. Nog voordat ze trouwden, had opa tegen haar gezegd: "We passen misschien niet bij elkaar." Toen heeft mijn moeder gezegd: "Ik zal me aan jou aanpassen."

Dat heb ik heel lang een vreselijk zinnetje gevonden, maar nu vind ik het aandoenlijk. Het geldt eigenlijk voor allebei; ze hebben zich aan elkaar aangepast. Toen ze eenmaal getrouwd waren, hebben ze nooit aan scheiden gedacht. Dat weet ik zeker, terwijl ze toch zo verschillend zijn.'

Mam stond op en zei: 'En ga je nu eens wat doen? Ik bedoel: iets nuttigers dan naar de binnenkant van je schedel turen.'

'Ja mam,' zei ik braaf, en ik ging naar mijn kamer. Er was een e-mail.

Hallo Karen,
Ben je nog op zoek geweest naar het kistje? Ik herinner me dat we een paar keer bij opa en oma hebben gelogeerd en dat we wel eens verstoppertje speelden, maar dat ik toen lang naar je heb gezocht en je niet kon vinden, daar weet ik niets meer van. Ik denk vaak aan je. Soms weet ik ook niet zeker meer of iets echt gebeurd is. Ik vond het een soort droom, wij samen in het bos. Het was toch echt? Ik hoop je gauw weer te zien.
Liefs, Mark.

Ik voelde Marks handen op mijn lichaam en zijn mond op de mijne. Ik hoopte hem ook snel weer te zien. Mark en ik pasten bij elkaar. Ik zou best weer bij hem willen logeren of hij bij mij, samen op zijn kamer of op de mijne. Het was met Mark anders dan met andere jongens. Ik voelde me fijn bij hem. Maar het kon niet, omdat we familie waren.

# Negen

Ik kon het kistje maar niet uit mijn hoofd zetten en toen ik een week later bij opa en oma was en oma zei: 'Kindje, pas jij op opa. Dan kan ik mooi even boodschappen doen', hield ik het niet meer. Oma pakte haar boodschappentas en ging de deur uit. Opa lag te slapen in zijn leunstoel.

'Opa,' zei ik zacht. 'Ik laat je even alleen. Ik moet wat doen.'

Ik keek gespannen naar hem, maar hij sliep gewoon door. Ik sloop de kamer uit. In de keuken pakte ik de sleutel van de schuur uit een glazen potje. Ik voelde me net een inbreker, maar ik moest weten of er een geheim kistje was en wat erin zat.

Ik ging de schuur in en keek om me heen. Mark had al overal gezocht. Als opa zo'n kistje had zou hij het nooit open en bloot laten rondslingeren. Hij had het vast ergens verborgen, misschien wel begraven.

In een flits zag ik opa gehurkt bij de werktafel zitten toen hij in dat schrift las en in tranen uitbrak.

Ik keek naar de bankschroef op de werktafel en ik keek naar de planken die er onder lagen. Ik ging ernaartoe, bukte me en haalde de planken weg en ook de triplex plaat waarop ze gelegen hadden.

Ik groef in de grond en al snel krasten mijn nagels over metaal. Ik zag een zilverkleurig hengseltje. Ik duizelde. Het kistje bestond dus echt. Ik had het niet gefantaseerd of gedroomd.

Ik probeerde het naar boven te trekken, maar het zat te vast. Ik werd misselijk van de spanning. Het was net alsof ik een schat had ontdekt of een belangrijke archeologische vondst had gedaan. Ik stond op en rukte een schep tussen het tuingereedschap vandaan. Pas toen ik aan het graven was, drong het tot me door dat het mijn kinderschepje van vroeger was. Ik groef om het kistje heen en zag een paar zweetdruppels op de aarde vallen. Ik hoorde vanbinnen een stemmetje dat zei dat ik ermee stoppen moest, maar het was zo krachteloos dat ik het zonder moeite tot zwijgen bracht. Ik trok opnieuw aan het hengsel, maar nog steeds zat het kistje te strak. Toen trok ik er zo hard aan, dat het hengsel losschoot en ik achterover viel. Ik stond op en keek door het schuurraam. Nog geen spoor van oma. Opeens drong het tot me door dat opa al heel lang alleen was. Misschien was hij opgestaan en gevallen. Waar was ik mee bezig? Ik leek wel gek!

Ik liep rillend van angst de schuur uit, keek door het kamerraam en zuchtte van opluchting. Opa lag nog rustig te slapen.

Ik ging terug naar de schuur. Het stemmetje werd krachtiger: ophouden, riep het, maar ik ging door en groef het kistje uit. Ik zette het tussen de bankschroef en wrikte het open met een schroevendraaier. Er zat een klein, bruin schrift in en een vergeelde krant. Ik pakte het schrift en sloeg het open. Het was een aantekeningenboekje. Ik bladerde het door en las snel enkele fragmenten.

*Het kamp is zoowat rechthoekig en omgeven door prikkeldraad en om de zooveel meter een uitkijktoren met een bewaker met een mitrailleur in den aanslag. Alles werd je afgenoomen. Je moest je ontkleeden en met zijn allen onder de douche. Je kreeg klompen, sokken en een lang hemd. Een broek en een onderbroek die me veel te wijd zat. En je kreeg een nummer.*

*Het geheele leven hier wordt beheerscht door eigenbelang. Een ieder denkt aan zijn eigen hachie. Nee, je krijgt hier geen hoogen dunk van de mensch. Ze verraden je voor een plukje tabak.*

*Ik word verscheurd door spijt en angst. Misschien is het mijn verdiende loon als ik hier niet levend uit kom. Ik gevoel mij schuldig aan de moorden. Dat we die NSB'er hebben omgelegd daar kan ik nog vreede mee hebben, maar dat die arme, onschuldige sloebers zijn afgemaakt dat vreet aan me, elke dag, elk uur.*

Ik stond te trillen op mijn benen. Had opa iemand vermoord in de oorlog? In mijn ooghoek zag ik oma het pad op lopen, maar ze werd tegengehouden door Karel. Dat gesprek kon nooit lang duren. Oma zou, om van het gezanik af te zijn, zeggen dat ze moest rusten. Ik legde snel het schrift terug, stopte het kistje in de kuil, gooide er aarde op en legde de triplexplaat en de planken terug. Het schepje en het losse hengsel smeet ik in de hoek van de schuur.

'Karen!'

Ik schrok me wezenloos, draaide me om en zag oma in de deuropening van de schuur staan.

'O,' zei ze, 'ben je daar? Kom je een boterhammetje eten?'

'Ja,' zei ik, 'ik zocht iets...'

Oma had zich alweer omgedraaid.

Ik haalde een paar keer diep adem en ging naar de keuken. We aten een boterham. Oma praatte over koetjes en kalfjes en ik probeerde zo gewoon mogelijk te doen. Ik vond het vreemd dat ze niet vroeg wat ik in de schuur deed en dat ze niet doorhad dat ik stijf van de spanning mijn boterham met bramen naar binnen werkte.


Had ik dat kistje maar nooit gevonden. Misschien was het beter om het schriftje te vernietigen, zodat niemand erachter kwam. Opa een moordenaar? Ik durfde er met mam niet over te praten en met oma zeker niet. Opa wilde vast niet dat ik het haar zou vertellen. Nee, dacht ik. Dat mag ik niet. Nu nog niet. Misschien als opa dood is. Hoe kon ik dit geheimhouden?


Hallo Mark,

Ik heb het kistje gevonden. Het was begraven onder de werkbank en er zat een schrift in waarin opa schrijft over het kamp waarin hij heeft gezeten in de oorlog. Ik ben erg geschrokken, omdat erin staat dat hij iemand heeft vermoord of dat het zijn schuld is dat er mensen zijn vermoord. Ik had niet veel tijd om te lezen, omdat oma eraan kwam. Ik heb het schrift weer teruggelegd. Ik wou dat ik het nooit had gevonden. Ik weet niet wat ik doen moet.

Liefs, Karen.

# Tien

Ik zag overal oorlog. Op televisie, in kranten, op school tijdens de geschiedenisles en in geschiedenisboeken. Altijd en overal was er oorlog geweest en ook nu woedde er wel een in elk werelddeel. Zelfmoordaanslagen, autobommen, martelingen, kindsoldaten, vluchtelingen. De wereld stond in brand.

Ik was in het park. Even uitwaaien. Ik zag mezelf, als klein meisje, vrolijk huppelend van school naar huis. Hup, hup hup! Mijn staartjes zwiepten op en neer. Hup, hup, hup! Het leek wel of ik springveren onder mijn schoenen had. Huppelen, almaar huppelen. Het was heerlijk!

Ik probeerde het. Ik keek om me heen, ik zag niemand. Als je zestien bent huppel je niet meer, maar ik deed het toch. Ik huppelde langs de kastanjeboom. Hup, hup, hup! Ik ben verliefd op mijn neef. Hup, hup, hup! Opa zat in een concentratiekamp en heeft misschien iemand vermoord. Hup, hup, hup! Langs de eiken en de beuken, langs de vijver met de eenden. Hup, hup, hup!

Een jongen liep me tegemoet. Ik ging snel op een bankje zitten. De jongen keek me lachend aan. Ik kreeg een rooie kop, daar ben ik goed in, in het krijgen van rooie koppen.

Gelukkig, de jongen liep door zonder iets te zeggen.

Wanneer had ik voor het laatst echt gehuppeld? Ik wist het niet meer. Jaren geleden. Heel veel jaren geleden.

Ik stond op, wandelde verder door het park en bleef staan bij de kinderboerderij. Ik keek naar de kinderen die brood voerden aan de herten en de geiten en hun vingertjes door het gaas staken om de dieren te aaien. Ze kraaiden van opwinding en pret.

Ik hurkte en stak mijn vinger door het gaas. Een geitje likte eraan. Ik pakte de stukjes brood die buiten het hek lagen en voerde ze aan de geiten en herten.

's Avonds belde mam op. Ze zei: 'Ik blijf vannacht bij opa en oma. Het gaat niet goed met oma.'

'Oma?' vroeg ik geschrokken. 'Je bedoelt opa.'

'Nee, oma. De dokter is bij haar. Hij zei dat ze naar het ziekenhuis moet. Maar dat wil ze niet. "Ik moet bij mijn man blijven," zei ze tegen de dokter. "Hij kan niet alleen zijn."

Ik zei dat ik wel op hem zou passen, maar ze wil thuisblijven. Ze denkt dat ze morgen wel weer beter is. Ik blijf bij haar en morgenochtend komt de dokter weer.'

'Wat heeft ze?' vroeg ik.

'Dat is nog niet duidelijk. Ze heeft koorts en ze is heel bleek. Ik denk dat het allemaal te zwaar voor haar is geweest, de zorg voor opa. Ze heeft er te lang alleen voor gestaan. Onze hulp is blijkbaar niet voldoende.'

Ze zweeg even en zei toen: 'Red je het alleen of wil je hier naartoe komen?'

'Ik red me wel,' zei ik aarzelend.

'Ik moet nu weer naar oma. Als er iets is moet je bellen.'

'Ja, mam,' zei ik. Ze hing op. Ik stond nog een tijdje met

de hoorn in mijn hand naar de binnenkant van mijn schedel te turen, totdat ik het getuter van de telefoon hoorde en ophing.

Oma moest toch naar het ziekenhuis en ons leven stond op zijn kop. Opa kon natuurlijk niet alleen thuis blijven en niemand wilde dat hij naar een verpleegtehuis ging. Dat zou de hel voor hem zijn. Dus ging mam hem verzorgen, samen met mijn tantes en oom. In wisseldienst, ieder twee dagen en twee nachten, want hij kon geen ogenblik alleen zijn.

Vanaf dat moment had ik een moeder met afstandsbediening. Ze probeerde me te besturen vanuit het huis van opa en oma.

De telefoon rinkelde. Ik pakte hem op.

'Hoe gaat het?' Het was al de derde keer dat mama vandaag belde.

'Best.'

'Ik heb eten in de koelkast gezet. Je hoeft het alleen maar op te warmen in de magnetron.'

'Ik weet het, mam. Dat heb je me al tien keer verteld. De volgende keer maak ik mijn eigen eten wel klaar. Hoe gaat het met opa?'

'Hij is helemaal in de war nu oma weg is. Hij herkent zijn eigen huis niet meer.'

'Arme opa,' zei ik.

Mam was een tijdje stil.

'Ik moet nu weer verder,' zei ze. 'Vergeet niet je huiswerk te maken.'

'Nee, mam,' zei ik.

'Dag lieverd.'

'Dag mam.'

Ik pakte mijn fiets en reed de straat uit. Binnen een kwartier was ik bij het ziekenhuis. Oma was twee dagen daarvoor geopereerd, ik wist niet precies aan wat. Misschien wilde ik het niet precies weten.

Ik ging met de lift naar boven. Derde etage, kamer 315. Ik liep door lange gangen en volgde de richtingaanwijzers. Kamer 315 was er een met vier bedden. Twee waren er leeg. Oma lag met gesloten ogen aan een infuus. Toen ik naast haar bed ging staan, keek ik een tijdje naar haar. Ze was heel erg oud en heel erg lief.

Ik drukte een kusje op haar wang. Ze werd wakker en glimlachte naar me.

'Fijn dat je er bent,' zei ze.

'Hoe gaat het?' vroeg ik.

'Ach, ze proberen me weer een beetje op te lappen. Het is toch mooi dat ze dit nog doen voor zo'n oud mens. Maar ik denk niet dat ik nog veel kan, als ik uit het ziekenhuis kom. Ik hoop alleen dat ik niet doodga voordat Antoon gaat.'

Haar lip trilde.

'Je wordt vast weer beter. Je bent een taaie,' zei ik.

Ze glimlachte. Ik pakte een stoel en ging naast haar bed zitten. Ze pakte mijn hand en zei: 'Ik moet zo vaak aan vroeger denken. Weet je waar ik vanochtend aan dacht?'

Ik schudde mijn hoofd.

'Vroeger,' zei oma, 'toen de kinderen nog klein waren, gingen we, als het mooi weer was, wel eens naar Huizen aan het IJsselmeer. Daar woonde familie en de kinderen vonden het fijn om er te zwemmen. Opa had een motor. Hij nam dan altijd drie kinderen mee. Achterop twee en voorop, bij hem op het zadel, nog een. Ik ging op de fiets met twee kinderen.'

Dat was vast nadat hij door de politie was aangehouden

met zijn karretje, dacht ik. Ik zag het voor me. Met z'n vie-
ren op de motor. Ik lachte zachtjes vanbinnen.

'Opa, ik zeg nu maar opa maar dat was hij toen natuurlijk
nog niet,' zei oma, terwijl ze me aankeek en lief over mijn
hand wreef. 'Opa reed altijd een heel stuk voor me uit. Dat
kon ik niet uitstaan! "Wacht nou op me!" riep ik dan, maar
ik geloof niet dat hij me hoorde. De motor maakte nogal wat
kabaal. Soms zag ik hem niet meer, maar hij wachtte me wel
altijd op, een eind verder. En als ik dan weer bij hem was,
ging hij weer vooruit.

Op een dag was hij weer zo'n stuk voor en ik fietste zo hard
mogelijk om hem bij te houden. Ik zag alleen hem. Ik lette
helemaal niet op het verkeer. Hij stak een straat over en ik
ging achter hem aan. Ik hoor nog de piepende remmen van
de auto. Ik was door een rood stoplicht gereden en had bijna
een ongeluk gekregen. Moet je nagaan, met twee kinderen
op de fiets.'

Oma keek me aan. 'Stom, hè?' zei ze.

'Waarom vond je het zo erg dat hij een eind vooruit was?'
vroeg ik.

'Ja, gek hè, dat snap ik ook niet, want ik wist dat hij me
steeds opwachtte.'

Ze keek naar mijn hand en kneep er zachtjes in.

'Weet je,' zei ze met een bibber in haar stem. 'Hij gaat me
nu weer vooruit.'

Ineens snapte ik haar verhaal en ik voelde haar verdriet
door mijn hele lichaam.

Oma wreef over mijn hand.

'Ik vind het zo fijn dat er voor hem wordt gezorgd,' zei ze.
'Jouw moeder is nu bij hem, niet?'

Ik knikte.

'Tineke zorgt goed voor hem. Dat weet ik zeker. Ze is een echte lieverd. Heeft ze je al gebeld?'

'De telefoon staat niet stil,' zei ik.

'En ben jij nu helemaal alleen?'

'Vind ik niet erg, hoor.'

'Je bent een flinke meid. Jij moet er ook wat voor over hebben om opa thuis te houden.'

'Here God, Almachtige,' hoorde ik ineens. 'U bent de enige die mij nog helpen kan.'

Ik keek geschrokken achterom.

In het bed tegenover dat van oma lag een oude vrouw.

'Dat is een zielig geval,' zei oma. 'Ze ligt vaak te kreunen en te roepen. Ze is helemaal in de war.'

'Waarom moet ik zo lijden? Help me dan toch,' riep de vrouw. 'Help me dan toch, lieve, lieve Heer.'

Een verpleger kwam binnen. Hij pakte haar hand en zei: 'Moedertje, wees nou rustig. U maakt iedereen van streek.'

Waarom legden ze zo'n vrouw bij oma op de kamer?

'Word je daar niet gek van?' vroeg ik.

'Ik ben er onderhand al aan gewend,' zei ze.

De vrouw kalmeerde. Ik praatte verder met oma, maar ik kon mijn gedachten er niet bij houden.

Toen ik buiten was, hoorde ik nog die smekende stem.

'Help me dan toch, lieve, lieve Heer.'

Thuis plofte ik op de bank en staarde versuft voor me uit. De telefoon ging. Ik had geen zin in mam. Ik had nergens zin in, maar ik pakte toch op. Het was Mark. Hij vroeg of hij kon komen.

'Ja, fijn,' zei ik. 'Mam is bij opa.'

'Ik weet het,' zei hij. 'Ik kom meteen.'

# Elf

Het was nog vroeg in de avond toen de bel ging. Ik deed snel open. Mark was nog niet binnen of ik begon te huilen. Ik kon er niets aan doen.

'Het spijt me,' snikte ik.

Mark nam me in zijn armen en streelde zachtjes mijn haar.

'Geeft niet, Karen,' zei hij. 'Huil maar.'

'Het is allemaal zo erg,' snikte ik. 'Alles is in de war. Ik snap nergens meer wat van.'

Ik weet niet hoe lang hij me vasthield, ik wist alleen dat ik hoopte dat het nooit ophield.

'Ik heb het kistje opgegraven,' zei Mark, 'en opa's schrift meegenomen. Ik heb alles gelezen.'

'Wat goed van je!' riep ik uit. 'Heb je het bij je?'

'Ja,' zei hij. Hij pakte het schrift uit zijn jaszak en sloeg het open.

'Wat staat erin? Heeft opa iemand vermoord?'

'Hij niet, volgens mij,' zei Mark. 'Het is niet helemaal duidelijk, maar hij...' Hij maakte zijn zin niet af, want de bel ging. Ik keek snel naar het raam, pakte Mark bij de hand en nam hem mee naar de keuken. Net op tijd, want ik zag Richards gezicht tussen de lamellen. Hij tikte op de ruit en keek zoekend naar binnen.

'Wacht hier,' zei ik. 'Het is het vriendje van mijn moeder. Kun je zien dat ik gehuild heb?'

'Nee,' zei Mark glimlachend. 'Je ziet er stralend uit.'

'Dank je,' zei ik. Ik ging naar de deur. Richard stond met een brede grijns en een bos bloemen op de stoep.

'Hallo, die Karen,' zei hij opgewekt. 'Mag ik binnenkomen?'

'Mam is er niet,' zei ik.

'Ik wacht wel,' zei hij. 'Hoe laat komt ze thuis?'

'Ze komt vandaag niet thuis. Ze is bij haar vader en ze blijft daar vannacht.'

Richards gezicht betrok.

'Eh...' stamelde hij, 'we hadden een afspraak.'

'O,' zei ik. 'Mam is heel chaotisch de laatste tijd.'

Richard bleef bedremmeld staan.

'Ben je alleen?' vroeg hij.

'Ja.'

'Kan ik even met je praten?' vroeg Richard. 'Ik wil nou wel eens weten waar ik aan toe ben. Ik heb het gevoel dat ik voor haar niet meer besta.'

'Ik ben eigenlijk niet helemaal alleen,' zei ik snel. 'Mijn vriendin is er en we gaan samen huiswerk maken.'

'Eh, nou ja,' zei hij. Hij drukte de bos bloemen in mijn hand. 'Zeg maar dat ik haar nog bel.'

'Ik kan er ook niks aan doen,' zei ik. 'Het zijn wel mooie bloemen.'

'Voor jou,' zei hij. Hij draaide zich om en liep naar zijn auto.

Ik deed de deur dicht en ging terug naar Mark.

'Die heb je knap weggewerkt,' zei hij bewonderend.

'Huiswerk is belangrijk. Dat snapt hij best.'

Ik pakte een vaas, deed de bloemen erin en schikte ze tot een mooi boeket. Er trok ineens een zwart waas voor mijn ogen.

'Ik ga even zitten. Ik voel me zo draaierig.'

Mark sloeg een arm om me heen en bracht me naar de bank.

'Je bent bleek,' zei hij bezorgd.

Hij bracht me een glas water en kwam naast me zitten.

Ik vertelde over het bezoek aan oma in het ziekenhuis.

'Er gebeuren veel verdrietige dingen de laatste tijd,' zei Mark, terwijl hij mijn arm streelde.

'Ja,' zei ik. 'Gelukkig ben jij bij me. Wil je blijven?'

'Je bedoelt vannacht?'

'Ik geloof het wel,' zei ik. 'Ik bedoel, ja.'

'Gaan we toch weer eens bij elkaar logeren,' zei Mark.

'Gezellig, net als vroeger.'

'Vertel eens verder over opa,' zei ik.

'Ik denk dat hij in de oorlog in een verzetsbeweging zat en dat ze bij een overval werden betrapt door een NSB'er. Die is toen doodgeschoten.'

'Heeft opa het gedaan?'

'Hij niet,' zei Mark.

'Waarom denk je dat?'

'Kijk,' zei Mark. 'Hier schrijft hij er wat over.'

Hij sloeg het schrift open en las: '"Ik wist niet dat Henk een wapen bij zich had. Hij trok het plotseling te voorschijn en schoot."'

Ik zuchtte van opluchting. 'Waarom voelde hij zich dan schuldig?'

'Nou ja, hij was erbij. Maar het ergste was dat de nazi's daarna twee mannen oppakten. Ze zeiden dat die gedood zouden worden als de daders zich niet bekendmaakten.'

Mark zweeg. Ik pakte zijn hand. Hij rilde.

'Hier staat het,' zei hij, en hij las: '"Dat hebben we niet gedaan. De twee mannen zijn vermoord. Ik had nooit in het verzet moeten gaan."'

'Maar wat kon hij doen?' riep ik uit. 'Als hij zich had aangegeven, was hij zelf vermoord.'

Mark knikte. 'Vind je het goed als ik het schrift weer meeneem?' vroeg hij. 'Dan kopieer ik het voor jou. Dan hebben we het allebei.'

'Ja, dat is goed,' zei ik.

We keken zwijgend voor ons uit, totdat de telefoon rinkelde. Het was mam.

'Heb je al gegeten?' vroeg ze.

'Gegeten?' vroeg ik. Wie dacht er nu aan eten?

'Hoe gaat het met opa?'

'Hij slaapt,' zei mam. 'Ben je alleen?'

'Eh... nee, een vriendin van school is bij me. We moeten een werkstuk maken.'

'Waarover?' vroeg mam.

'Over genitale wratten. Ze blijft slapen.'

'Waarover?'

'Genitale wratten. We hebben een project over geslachtsziekten. Andere leerlingen maken een werkstuk over syfilus of gonorroe, dat is een druiper, en wij over genitale wratten.'

Mark keek me verbijsterd aan en begon toen ineens te schuddebuiken op de bank. Hij moest moeite doen om niet hardop te lachen.

'Gaat het daar tegenwoordig over op school,' zei mam.

'Nou ja, misschien is het wel goed.'

'Richard is geweest,' zei ik snel. 'Hij zei dat hij een afspraak met je had.'

'O nee!' riep mam uit. 'Helemaal vergeten. Was hij boos?'

'Hij begreep het wel.'

'Meen je dat?' vroeg ze. 'Ik maak het nog wel goed met hem. Ga je niet te laat naar bed?'

'Nee, mam,' zei ik. 'Welterusten.'

Ik hing op en ging naast Mark zitten.

'Genitale wratten,' bulderde hij. 'Wat klinkt dat smerig.'

'Ze bestaan,' zei ik. 'En we moeten er echt een werkstuk over maken. Genitale wratten worden veroorzaakt door het Humaan Papilloma Virus, oftewel het HIV-virus, maar dat is eigenlijk dubbelop want die v staat al voor Virus.'

'Interessant,' zei Mark.

'Ja,' zei ik somber.

'Ik slaap wel op een matras op de grond,' zei Mark.

'Ja,' zei ik, 'dat is goed. Ik zal hem klaarleggen.'

'Ik loop meteen met je mee.'

We gingen naar boven en legden de matras met de lakens en de dekens naast mijn bed.

We deden onze kleren uit, terwijl ik vanuit mijn ooghoeken naar Mark keek en ik zag hem af en toe naar mij kijken.

Ik kroop snel in bed en keek naar Mark, die in zijn onderbroek en T-shirt tussen de lakens kroop.

'Welterusten,' zei ik, en ik knipte het licht uit.

'Slaap lekker,' zei Mark.

Ik lag naar het duister te staren en voelde mijn hart bonken. Mark was doodstil. Ik hoorde hem niet en ik zag hem niet, maar toch vulde hij mijn hele slaapkamer. Het bloed pompte door mijn hoofd.

'Slaap je al?' vroeg ik.

'Nee,' zei Mark.

'Zou je naast elkaar mogen liggen als neef en nicht?'

'Deden we vroeger ook wel eens,' zei Mark. 'Wil jij het?'

'Jij?'

'Alleen als jij het wilt,' zei Mark.

'Kom maar bij me,' zei ik. Mijn hart bonkte als een dravend paard.

Mark sloeg de lakens terug en ik zag zijn silhouet in het duister. Hij vlijde zich voorzichtig naast me neer. Ik legde mijn hand op zijn borst.

'Als je in de oorlog een verrader doodschiet, ben je dan een moordenaar?' vroeg ik.

'Volgens mij niet,' zei Mark.

Hij streelde mijn borsten en mijn buik. We kusten elkaar en het kon me helemaal niks meer schelen dat hij mijn neef was.

# Twaalf

De school is een heerlijke plek om je gedachten te laten dwalen. Ik mijmerde over Mark. We zouden nooit openlijk met elkaar kunnen gaan, maar dat vond ik nu niet erg. Ik had eindelijk iets wat helemaal van mezelf was. Mam wist tot voor kort zo ongeveer alles van me. Ik had nu een eigen leven waar zij niets van wist en waar ze zich dus ook niet mee kon bemoeien. Ieder mens had daar recht op, vond ik.

Niemand in de klas wist iets van mijn geheimen en ik wist ook heel weinig van de anderen. Natuurlijk werd er flink geroddeld, maar je wist nooit zeker wat er van waar was.

De schooldag trok voorbij en ik bedacht hoe vreemd het was dat Mark en ik het geheim moesten houden dat we een geheim wilden ontraadselen.

Thuis zat mam met een vermoeid en verdrietig gezicht aan tafel. Ze draaide Griekse muziek. Dat doet ze altijd als ze verdriet heeft.

'Hoe was het bij opa?' vroeg ik.

'Hij is echt op, hè,' zei ze zacht. 'Ik heb hem uitgekleed en in bed gelegd, zoals hij dat vroeger bij ons deed. Ik deed zijn jasje uit, zijn overhemd, zijn broek, zijn schoenen. Hij liet het allemaal toe. Ik hielp hem in zijn pyjama, stopte hem in bed en dekte hem toe. En ineens dacht ik aan het wijwaterbakje, dat vroeger boven mijn bed hing. Toen ik nog een kind was kreeg ik altijd een wijwaterkruisje op mijn voorhoofd. Nu gaf ik het hem, zonder wijwater en zonder bakje, want dat ligt ergens in een kast. Daarna gaf ik hem een kus en ik zei: "Welterusten, papa."'

'Wijwater?' vroeg ik.

'Dat is gewijd water. Opa en oma zijn katholiek en met een kruisje wijwater word je gezegend. Dat God dus over je waakt.'

'Nou,' zei ik. 'Het heeft wel geholpen. Je bent hartstikke ongelovig.'

'Ja, gek hè? Maar een gelovige opvoeding verdwijnt nooit helemaal. Het zit dieper dan je denkt.'

'Wel mooi, zo'n kruisje met wijwater. Kreeg je ook een kus of alleen een kruisje?'

'Ik kreeg een kus én een kruisje.'

'Tjonge,' zei ik jaloers.

Mam keek me lang aan.

'Weet je wat ik dacht toen ik hem het kruisje gaf?'

'Ik word weer gelovig?'

'Nee. Ik dacht: papa mag nu sterven. De cirkel is rond.'

'Je hoopte dat hij zou sterven?'

'Nee natuurlijk niet,' zei mam verontwaardigd. 'Zoiets hoop je niet. Het zou een mooi moment zijn geweest. Dat is alles.'

'Voor jou wel, voor oma niet. Die wil er vast bij zijn als hij doodgaat.'

'Dat is waar,' zei mam. 'Maar op dat moment dacht ik niet

aan oma. Ik dacht alleen aan mijn vader en aan mij. Egoïstisch, hè?'

'Ik ben bij oma geweest,' zei ik. 'Ze zei: "Ik hoop dat opa sterft voordat ík ga."'

'Ja,' zei mijn moeder. 'Dat is haar grootste zorg. Hij zal niet lang meer leven, denk ik. Hij eet nauwelijks en geestelijk gaat hij hard achteruit. Het is zo verdrietig om te zien hoe hij langzaam uitdooft. Hoe hij elke keer afhankelijker wordt.'

'Zullen we huppelen?' vroeg ik.

'Wat zeg je?'

'Huppelen!'

'Doe niet zo idioot,' zei mijn moeder lachend.

'Kom,' zei ik. Ik ging naar haar toe en trok haar uit de stoel, maar ze stribbelde tegen. Hup! Het lukte. Ze stond.

'Dat is goed tegen het verdriet,' zei ik. 'We huppelen alle tranen uit ons hoofd.'

'Ik ga niet naar buiten,' protesteerde mijn moeder toen ik haar naar de buitendeur duwde.

'Dan huppelen we door de kamer,' zei ik. Ik pakte haar hand en begon te springen.

'Jij ook!' riep ik.

Ze deed mee en hand in hand huppelden we, terwijl de bouzouki's het tempo opvoerden en de kamer vulden met een opzwepend getokkel. We huppelden en tolden. Heen en weer, heen en weer, tot we er draaierig van werden.

Mijn moeder viel lachend en hijgend op de bank.

'Daar zou Zorba de Griek stil van worden,' zei ze.

# Dertien

Het was op een vrijdag dat oma uit het ziekenhuis kwam, twee weken nadat ze was opgenomen. Ze liep het pad op naar haar huis. Tante Ingrid ondersteunde haar. Ze waren er allemaal, mijn ooms en tantes, nichtjes en neefjes. Mark was er ook.

'Welkom thuis!' riepen we.

Oma lachte. 'Wat een drukte voor zo'n oud mens,' zei ze.

Opa stond in de gang, steunend op zijn looprek. Toen hij oma zag, begon hij te lachen.

Ze wilde opa omhelzen, maar het looprek stond in de weg. Opa gaf het een duw. Oma pakte zijn hoofd tussen haar handen en kuste hem.

'We maken er samen nog wat van, hè?' zei ze met tranen in haar ogen.

Opa kon geen woord uitbrengen. Hij lachte alleen maar. Even later zaten ze samen als een verliefd stel in de kamer, op de rand van opa's bed.

Mark liep naar buiten en ik ging achter hem aan. Hij gaf me een kopie van opa's schrift. Later, op mijn kamer, las ik:

*De straffen hier zijn zoo vreselijk. Ik heb vaak gezien hoe ge-*
*vangenen met de gummiknuppel op hun donder kregen van*
*Duitsche bewakers en in de rozentuin werden gezet. Uren en*
*uren moesten ze daar staan.*

Rozentuin. Ik ging achter mijn computer zitten, maakte
verbinding met internet en tikte het woord 'rozentuin' in op
de zoekmachine. Ik nam de lijst door en schrok. Ik werd
doorverwezen naar de website van kamp Amersfoort.

Ik zag een foto van een plek met palen en prikkeldraad en
een barak en een uitkijktoren op de achtergrond.

Er stond een gedicht bij:

*Ik heb in de rozentuin gestaan*
*In wind, in kou en in regen*
*Ik mocht me nauwelijks bewegen*
*en uit mijn oog rolde een traan,*
*die ik niet weg kon vegen.*
*Ik heb in de rozentuin gestaan.*

Ik zocht verder en las dat de rozentuin een plek was waar gevangenen werden gestraft. Ze mochten zich niet bewegen
en ze werden mishandeld. De punten van het prikkeldraad
werden door de gevangenen vergeleken met de doornen van
een roos.

Ik zocht verder en vond een artikel met de kop: *Puzzel-*
*stukjes kamp Amersfoort passen soms meteen.*

Ik las het en bleef steken bij de zin:

*Vaders die in het kamp hebben gezeten, zijn er vaak zwijg-*
*zaam over tegenover hun kinderen. En als zo'n vader is ge-*

*storven, vinden de kinderen spullen, foto's en manuscripten.*
*Die kinderen komen vaak hier.*

Opa had in kamp Amersfoort gezeten. Ik rilde en wilde het aan iemand vertellen. Dit kon ik niet geheimhouden.

Ik ging mijn kamer uit en hoorde beneden de stem van Richard.

'Lieverd, je draait helemaal door,' zei hij. 'Het is te zwaar voor je. Waarom breng je je vader niet naar een verpleegtehuis?'

'Hou op, zeg!' riep mam. 'Dat zou de hel voor hem zijn. Je kent mijn vader niet. Zou jij door vreemden verzorgd willen worden als je oud en gebrekkig bent?'

'Dan neem ik een pil. Als ik mezelf niet meer kan redden, wil ik niet meer leven.'

'Wat voor een pil?' vroeg mam.

'Zo'n pil, jeweetwel, een zelfmoordpil. Tegen die tijd zijn die vast in de handel.'

'Weet je wat ik denk? Je bent hartstikke bang om oud te worden en dood te gaan. Daarom wil je er niks mee te maken hebben.'

'Jij niet?' vroeg Richard.

'Wat niet?'

'Ben jij niet bang voor ouderdom en dood?'

'Misschien wel, ja,' zei mam. 'Maar ik loop er niet met een boog omheen. Ik durf mijn zieke vader in de ogen te kijken.'

'Jij liever dan ik,' zei Richard. 'Ze hebben bejaardentehuizen en verpleegtehuizen niet voor niks bedacht. Mijn leven gaat verder, maar jij offert het jouwe op.'

'Rot toch op, lafaard!' riep mam. 'Je zegt dat alleen maar omdat ik weinig tijd voor je heb.'

'Ook! Ook! Wat is er nog van ons over?'

Ik ging terug naar mijn kamer. Even later hoorde ik de buitendeur met een harde klap dichtslaan.

Hallo Mark,

Heb jij ook ontdekt dat opa in kamp Amersfoort heeft gezeten? Ik wist niet dat daar een concentratiekamp was geweest. Jij? In zijn schrift schrijft hij over de rozentuin. Ik heb het opgezocht op internet. Het was een plek waar gevangenen werden gestraft. Kamp Amersfoort was vreselijk. Heel veel mannen zijn er vermoord. Er zijn nog steeds resten van het kamp over. Het is nu een soort herdenkingsoord.

Liefs,

Karen.

'Wat ben je stil,' zei mijn moeder de volgende morgen bij het ontbijt. 'Is er iets?'

Ik schudde mijn hoofd.

'Ik heb het uitgemaakt met Richard,' zei ze. 'Definitief! Ik heb het echt gehad met hem.'

'Maar het is toch ook wel een beetje waar,' zei ik.

'Wat?'

'Dat je geen tijd voor hem hebt.'

'Heb je meegeluisterd?'

'Mam, ik heb mijn best gedaan om het niet te hoeven horen.'

'Moet je 's luisteren, Karen. Als het aan hem lag, zat hij hier elke avond.'

'Laatst wilde je nog met hem gaan samenwonen.'

'Dat wilde hij! Ik hoef echt niet de hele dag een man om me heen.'

'Alleen als het jou uitkomt.'

'Precies! En het komt nu even niet uit. Mijn ouders gaan voor. Als hij dat niet begrijpt!'

'Wij doen ook niets meer samen,' zei ik.

Mam zuchtte.

'Ik neem het je niet kwalijk, hoor,' zei ik. 'Ik vind het goed van je dat je opa en oma helpt.'

'Lief van je,' zei mam. 'Weet je wat? Ik ben vanmiddag vrij. We gaan samen naar de stad.'


's Middags in de stad kocht ze een nieuwe broek voor me, een nieuwe jasje, twee topjes en schoenen. Daarna gingen we wat drinken op een terras. We deden echt ons best om het gezellig te maken, maar het lukte niet. Ik dacht: kon ik maar met haar over Mark praten of over opa, die in kamp Amersfoort had gezeten. Ik was er bijna over begonnen, maar ik deed het niet. Ik wist zeker dat ik er spijt van zou krijgen. En mam was met haar gedachten ook heel ergens anders. Af en toe leek er zoiets als een gesprek te ontstaan.

'Ben je blij met je nieuwe kleren?' vroeg ze.

'Ja, echt wel. Ik vind ze hartstikke tof, mam. Dankjewel.'

Ze glimlachte.

'Je was er echt aan toe.'

'Je moet voor jezelf ook weer eens wat nieuws kopen.'

'Daar heb ik op dit moment helemaal geen behoefte aan. Gek hè?' zei mam.

Ik wilde wat zeggen, maar er liep een zwerver langs. Hij speelde een vals deuntje op zijn mondharmonica en hield met een smekende blik in zijn ogen zijn hand voor ons op. Mam legde er een muntje in. Dankbaar perste hij een aantal snerpende tonen uit zijn instrument en begon te dansen als een dronken harlekijn.

'Hier!' zei een man naast ons. Hij wierp de zwerver een munt toe. 'Als je nu ophoudt en ophoepelt.'

De zwerver pakte de munt en maakte een diepe buiging.

'Zo veel goedheid heb ik niet verdiend,' zei hij.

's Avonds ging ik naar Anna.

'En?' vroeg ik. 'Hoe vind je mijn nieuwe kleren? Vanmiddag met mijn moeder gekocht.'

'Gaaf,' zei ze. 'Ik ga nooit met mijn moeder ergens naartoe. Ik erger me dood aan haar. Ze heeft een vreselijke smaak.'

'Ga jij wel eens naar je opa en oma?' vroeg ik.

'Mijn oma zit in een bejaardentehuis. Heel soms ga ik er naartoe, maar ze is doof. En mijn opa zit in een verpleegtehuis. Hij is hartstikke dement. Mijn andere opa en oma wonen thuis. Die zijn nog niet zo oud. Opa heeft het vaak over de oorlog. Steeds weer dezelfde verhalen. Je wordt er gek van.'

'Ik vind oorlogsverhalen wel boeiend,' zei ik. 'Het gaat tenminste ergens over.'

'Dus als het over de oorlog gaat, gaat het ergens over?' vroeg Anna.

'Ja, dat vind ik wel.'

'Nou, ik niet,' zei Anna. 'Ik leef nu, niet in het verleden.'

'Ik leef ook nu,' zei ik.

'Maar de Tweede Wereldoorlog is toch al lang voorbij,' zei Anna. 'Op dit moment zijn er genoeg andere oorlogen. Het gaat maar door en je kunt er toch niks aan doen. Ik kijk liever naar de leuke dingen. Ik laat mijn leven niet verpesten door al die rotzooi in de wereld.'

'Ik ook niet,' zei ik. Ik wist niet meer wat ik zeggen moest.

'Zie je je neefje nog wel eens?' vroeg Anna.

'Nauwelijks,' zei ik. Ik had geen zin in grappen over inteelt.

'Ik ben moe. Ik ga naar huis.'

In bed lag ik nog lang wakker. Was Mark maar bij me.

# Veertien

Mijn vader schreef me of ik in de zomer naar hem toe wilde komen. Hij vertelde heel enthousiast over Mexico. Ik schreef hem over opa en dat ik niet op vakantie kon zolang hij nog leefde. 'Volgend jaar misschien, als alles weer wat gewoner is.'

Over dat woordje 'gewoner' moest ik lang nadenken. Als alles weer gewoon was, zou ik dan nog met Mark omgaan? Als opa was overleden en mam weer elke nacht thuis sliep, zou ik Mark dan nog zien?

Als mam weg was, kwam Mark altijd. Hij wilde een journalistenopleiding volgen, maar was uitgeloot. Hij deed nu een schriftelijke cursus journalistiek en werkte. Hij hoopte volgend jaar ingeloot te worden.

'En ik ga op kamers wonen,' zei hij. 'Dan hebben mijn vader en moeder nergens meer wat over te vertellen.'

'Ik wil naar de kunstacademie,' zei ik. 'Ik hou van tekenen en schilderen.'

'Laat 's wat zien,' zei Mark.

Ik pakte mijn mappen met tekeningen, op één na, want daar zaten mijn naaktstudies in.

'Waarom mag ik die niet zien?' vroeg Mark.

'Hier heb je voorlopig genoeg aan,' zei ik.

Hij sloeg een map open en keek belangstellend naar mijn werk.

'Nou ja, het is eigenlijk een hobby,' zei ik bescheiden. 'Ik kan er later toch niet mijn brood mee verdienen.'

'Nu praat je als je moeder,' zei Mark. 'Het gaat er toch om wat je wilt? Je moet er echt mee doorgaan.'

'En ik wil ook zangeres worden. Tralalala! En danseres.'

Ik zwierde door de kamer en ging zo op in mijn dans dat ik niet zag dat Mark in mijn map met naaktstudies zat te gluren.

'Heel mooi,' zei hij. 'Erg eh... artistiek.' Hij hield een naakttekening van een jongen en een meisje omhoog.

'Afblijven!' riep ik.

Ik rukte de tekening uit zijn handen.

'Voorzichtig,' zei Mark.

'Ik vind blote mensen gewoon mooi,' zei ik. 'Ik denk daarbij heus niet meteen aan seks.'

Ik stopte de tekening terug in de map.

'Over seks gesproken,' zei Mark. 'Ben jij wel eens met een jongen naar bed geweest?'

'Ja,' zei ik. 'Met jou.'

'Ik bedoel, heb je het wel eens gedaan?'

'Jij?'

'Jij eerst.'

'Nee, jij eerst.'

Ik ging op mijn bed zitten.

'Eén keer,' zei Mark.

'Vertel.'

Mark bloosde. 'Ik bakte er niets van.'

'De eerste keer is nooit fijn,' zei ik. 'Dat zegt mijn vriendin Anna.'

'Heb jij een vriend?' vroeg Mark.

'Ik heb wel verkering gehad,' zei ik. 'Maar dat is al lang uit. Kom bij me liggen.'

Mark ging bij me op bed liggen.

'Net zoals vroeger,' zei hij. 'Toen we bij elkaar logeerden, gingen we ook wel eens bij elkaar liggen.'

'Ja,' zei ik. 'Net zoals vroeger.'

# Vijftien

Als Mark bij me was leek alles heel vanzelfsprekend, maar als hij weg was en ik nadacht over waar we mee bezig waren, dan brak het zweet me uit, dus ik besloot om er maar niet te veel over te denken. De dingen gaan zoals ze gaan, dat was mijn theorie.

Volgens mijn moeder gebeurde niks toevallig. Alles had een betekenis. Volgens mij is het een overblijfsel van haar geloof, net zoals dat wijwaterbakje.

'Het komt door je gelovige opvoeding,' zei ik. 'God heeft toch overal een bedoeling mee?'

'Kan wel wezen,' zei ze. 'Ik vind het een fijne gedachte.'

'Het gaat erom of het waar is.'

'Voor mij is het waar,' zei ze.

Het vervelende was dat ik soms toch over dat soort dingen na ging denken. Toen er op een dag een ransuil onze straat in vloog en op de vensterbank van mijn slaapkamer neer-streek, zei mam: 'Het is een boodschapper.'

'Wat is zijn boodschap dan?' vroeg ik. Maar daar had ze geen antwoord op. Als het een boodschapper was, had hij dan een boodschap voor mij? Hij was tenslotte op míjn ven-

sterbank gaan zitten. Ik werd kwaad op mezelf. Het was toe-
val en het had niks te betekenen! De uil was verdwaald. Dat
was alles!

Ik kreeg er net zo'n soort nare kriebel van als wanneer ik
nadacht over de eindigheid of oneindigheid van het heelal.
Op tv hoorde ik iemand zeggen: 'Tijd en afstand bestaan
niet. Alles vindt tegelijkertijd en naast elkaar plaats.' Gek
werd ik daarvan! Maar het gold wel voor opa. Hij reisde door
de tijd alsof alles zich tegelijkertijd en naast elkaar afspeel-
de.

Laatst had hij weer zoiets. Hij zei: 'Ik ben in Duitsland geweest.'

'Wanneer?' vroeg ik.

'Net nog.'

'Wat heb je daar gedaan?'

'Ik ben uit de trein gesprongen. Er was een vrouw die me
hielp.'

Tijd en afstand bestonden voor opa niet meer. Oma had
het ook gehoord, maar zij trok haar schouders op alsof hij
raaskalde, maar ik wist dat hij het over de oorlog had.

Met Mark las ik in opa's aantekeningen, die vooral over het
kamp gingen.

*Aardappels schillen. De geheele dag aardappels schillen. Niet
met een mesje, met een lepel. En als je te dik schilde kon je ook
nog een klap met den knuppel krijgen. Daar hielden ze van,
knuppelen, knuppelen. Ik wil er eigenlijk niet meer aan denken. Er zijn zoo weinig menschen die je kunt vertrouwen. De
dagen gaan zoo langzaam.*

*Soms gaf ik aardappelschillen aan andere gevangenen, die er*
*nog slechter aan toe waren dan ikzelf. Dat mocht niet, want*
*de schillen waren voor de varkens. De varkens waren van*
*grootere waarde dan wij. Ik ben verraden. Ik weet wie het*
*heeft doorverteld. Ze waren woedend en ik ben zwaar ge-*
*straft. Nog steeds zie ik dat hoofd voor me. Dat schommelen-*
*de hoofd naast de kruiwagen. Dat hoofd van die doode jood.*
*Ik wil het vergeten. Dit is te moeilijk om op te schrijven.*

'De varkens waren van grotere waarde dan wij,' herhaalde
Mark.

'Dat schommelende hoofd,' zei ik. 'De laatste tijd ziet opa
steeds hoofden. Zou dat hier mee te maken hebben?'

'Het klinkt allemaal zo luguber,' zei Mark. 'Ik word er misselijk van.'

'Stil eens,' zei ik. 'Hoor jij ook lawaai buiten?'

Mark hoorde het ook. We wachtten tot het weer stil zou
worden, maar het werd niet stil.

'Kom,' zei ik. 'Kijken wat er is.'

We gingen de donkere straat in. Op de hoek zag het zwart
van de mensen, die naar een balkon keken waar een jongen
vaak een boek zat te lezen.

Er klonk geschreeuw en ik zag een stoel door de lucht vlie-
gen.

Mijn hart bonkte. Ik pakte Marks hand en trok hem mee
naar de straathoek. De jongen stond op zijn balkon. Hij
schreeuwde en gooide een spiegel naar beneden, die op de
straat kapot kletterde.

De mensen keken op veilige afstand toe.

De gillende jongen ging steeds naar zijn kamer en kwam
met kopjes, borden en boeken terug, die hij dan met een
boog op straat wierp.

Ik hoorde flarden van gesprekken om me heen.

'Ja, er is gebeld. Er is hulp onderweg.'

Een politiewagen reed met loeiende sirenes de straat in en remde voor het huis. Twee agenten stapten uit en gingen naar boven. Kort daarop stonden ze naast de jongen op het balkon. Ze probeerden met hem te praten, maar de jongen sloeg wild om zich heen. Daarop pakten de agenten hem bij zijn arm en even later kwamen ze met hem naar buiten. De jongen probeerde zich los te rukken, maar de agenten duwden hem op de achterbank van hun auto en reden weg.

Ik was blij dat Mark bij me was en dat ik er thuis met hem over kon praten.

'Raar, hè,' zei ik, 'dat iemand ineens zo kan veranderen. Het leek zo'n rustige jongen. Hij keek wel eens op als hij op het balkon een boek zat te lezen. Dan zei hij me vriendelijk goeiedag. Het lijkt wel of je iemand nooit echt kent.'

'In de oorlog werden mensen verraden door hun eigen buren,' zei Mark. 'Soms zelfs door hun familie of vrienden.'

'Het is toch om gek van te worden,' zei ik. 'Ik zou nooit iemand verraden.'

'Dat dachten die verraders misschien ook wel,' zei Mark. 'Je kunt nooit precies weten wat je doet als het moeilijk wordt.'

We praatten nog lang door, ook over opa die ook zo veranderd was en over hoe het mogelijk was dat iemand zijn hele leven belangrijke geheimen verzweeg, zelfs voor zijn eigen vrouw.

Het was midden in de nacht toen ik Mark meenam naar mams slaapkamer, want ik vond mijn eigen bed wat klein voor ons tweeën. Mark zei er niets van. Hij glimlachte alleen. In bed kroop ik lekker dicht tegen hem aan.

'Heb jij geheimen?' vroeg ik.

'Ja,' zei Mark. Zijn ogen fonkelden.

'Vertel!'

'Nee, geheimen moeten geheim blijven.' Hij sloeg me met zijn kussen op mijn hoofd. Ik dook boven op hem en we rolden over mams bed. Ik duwde Mark op de grond. Hij krabbelde op en dook met zo veel gewicht op het bed dat het instortte.

'Oeps,' zei Mark.

'Oeps,' zei ik. 'Dat zal mam niet leuk vinden.'

Het kostte ons wel een uur om met spijkers en een hamer het bed weer in elkaar te timmeren.

'Een spijkerbed,' zei Mark.


De volgende ochtend ging Mark al vroeg weg. Ik had het eerste uur vrij, dus ik kon rustig mams bed netjes opmaken en daarna uitgebreid ontbijten. Voordat ik naar school ging, liep ik met de fiets aan de hand naar de hoek van de straat, waar ik tot mijn verbazing zag dat bijna alle rotzooi van de vorige avond was opgeruimd. Er lagen alleen nog wat glassplinters en scherven. Alle sporen van gekte moesten zo snel mogelijk worden uitgewist. Wat leefden we toch in een keurig land! Als ik niet naar buiten was gegaan, had ik niet gemerkt dat er iets was gebeurd. Dan had ik me waarschijnlijk nooit afgevraagd waarom de balkonjongen was verdwenen.

Ik keek naar het balkon. Het gaapte me leeg aan. Nooit zou ik hier meer langs kunnen lopen zonder me af te vragen waarom hij zijn spullen naar buiten gooide.

Twee dagen later zei mam: 'Karen, ik wil even met je praten.'

Ik dacht: o jee, ze is door haar bed gezakt en ze heeft de spijkers ontdekt. Maar ze vroeg: 'Wie was die jongen die laatst bij je was?'

Ik hield me eerst nog van de domme.

'Was er een jongen bij me?' vroeg ik. 'Ik weet nergens van.'

'Jolande Hendriks heeft je gezien,' zei mam. 'Je stond gearmd met hem buiten toen die jongen op de straathoek al zijn spullen van het balkon gooide. Weet je daar iets van?'

'Ja,' zei ik, 'dat heb ik gezien.'

'Een jongen ging met je mee naar binnen. Midden in de nacht.'

'Jolande Hendriks is een roddeltante,' zei ik. Je kon ook niemand vertrouwen. Je werd verraden door de buren. Het leek wel oorlog!

'Het was Mark, hè?' zei mam. 'Ik heb Ingrid gesproken. Hij is 's nachts altijd weg als ik bij opa en oma ben. Logeren bij een vriend, dat zei hij tegen haar.'

'Waarom vraag je het me, als je het toch al weet?' riep ik.

'Is hij de hele nacht bij je gebleven?'

'Nou en? Hij is de enige met wie ik nog kan praten.'

'Je mag ook best met hem praten,' zei mam, 'maar ik vind het niet goed dat hij de hele nacht bij je is.'

Ik voelde me misselijk. Alsof ik iets vreselijks had gedaan. En het werd alleen nog maar erger door een rare e-mail van Mark.

Hoi Karen,
Waarom heb je aan je moeder verteld dat ik 's nachts bij je ben?

79

Dat begrijp ik niet. Ik heb nu vreselijke ruzie met mijn ouders. Ik ben bij ze weg gegaan en logeer bij een vriend die op kamers woont. Ik ben jaloers op hem. Woonde ik maar vast op kamers. Hoe moet het nu verder? Je moeder verbiedt natuurlijk dat ik nog bij je kom. Houdt ze je in de gaten?

Liefs, Mark.

Hoe kon Mark denken dat ik het mijn moeder had verteld? Durfde hij nu niet meer bij me te komen? Was hij bang voor mijn moeder? Ik was woest. Ik had zin om net zoals de balkonjongen alle spullen uit mijn kamer te smijten.

Ik had ook geen zin meer om thuis te slapen en ging naar Anna.

'Wat ben je stil,' zei Anna. We lagen in bed en staarden voor ons uit. Ik wilde niet met haar over Mark en de ruzie met mijn moeder praten. Van geheimen word je stil en eenzaam. Dus vertelde ik haar over de balkonjongen.

'Vreemd,' zei Anna.

'Wat?'

'Waarom gooide hij zijn spullen op straat?'

'Ik heb ook wel eens zin om alles kapot te smijten,' zei ik.

'Maar je doet het niet.'

'Het was een rustige jongen, volgens mij,' zei ik. 'Bij mooi weer las hij altijd een boek op zijn balkon. Hij was een dichter of zo.'

'Ja,' zei Anna. 'Een dichter. Dat is mooi. Het was vast liefdesverdriet. Zijn vriendin had het uitgemaakt. Hij werd gek van verdriet. Hij was alleen op zijn kamer en hij moest aan haar denken en aan hun liefdesnachten. Toen sloeg het verdriet toe, zo hevig dat hij zijn verstand verloor.'

We keken allebei een tijdje voor ons uit.

'Arme jongen,' zei ik.

'De liefde is keihard,' zei Anna.

Ze knipte het licht uit.

Ik lag nog lang voor me uit te staren.

# Zestien

Ik begon te verlangen naar een leven waarin alles zijn vertrouwde gangetje ging, zoals vroeger. Maar misschien was het leven waarin alles staat waar het hoort te staan, wel voorgoed afgelopen.

Ik ging mijn huiswerk maken en ik vond het leuk, omdat er vragen werden gesteld waarvan ik de antwoorden gewoon in de leesles kon terugvinden. Daarna bladerde ik in opa's aantekeningen.

*Het was avond toen we plotseling op transport gingen. Honderden mannen werden weggevoerd en niemand wist waarheen. Er waren al zoo veel transporten geweest en de meeste gingen naar Duitschland, zeiden ze. We liepen door de duisternis. Overal bewapende bewakers, niemand durfde te vluchten. Na een tijdje zag ik de huizen van de stad en bij het station stond een lange goederentrein. We werden daarheen gedreven, over de spoorrails. We werden de trein in geslagen. Het duurde lang voordat we weggingen. De trein reed langzaam. We waren al een eind op weg toen ik schoten hoorde. Er waren mannen uit de trein gesprongen. Ik nam me voor ook te vluchten als ik de*

*kans kreeg. Ik wurmde me naar de treindeur, maar werd door*
*een bewaker tegengehouden.*

*Een gevangene begon te huilen en dat werkte op de zenuwen*
*van een bewaker. 'Aufhalten!' riep hij, en hij begon op de*
*man in te slaan. Daar had ik op gewacht. Met een ruk open-*
*de ik de deur en sprong naar buiten. Ik rolde enkele keeren*
*over de kop en ik stond daarna zoo snel mogelijk weer op. Er*
*sprongen nog meer mannen de trein uit. De kogels floten*
*rond mijn ooren. Ik rende wat ik kon, de bossen in, waarna*
*ik in de struiken sprong.*

*De bewakers gingen niet naar ons op zoek, want dan zouden*
*er nog meer mannen de trein uit springen.*

*Ik hoorde de trein verder rijden en bleef in de struiken zitten*
*tot het doodstil was. Ik liep door tot ik een boerderij zag en*
*daar ben ik in de hooiberg in slaap gevallen.*

Ik was weer een nacht alleen. Ik miste Mark heel erg. Ik was
bang. Bij elk geluid dacht ik dat er inbrekers waren.

Ik knipte het licht aan. Ik moest hier weg.

Ik ging mijn bed uit en kleedde me aan. Buiten pakte ik
mijn fiets. Het was stil en fris. De lantaarns schenen zacht.
Alles was beter dan alleen thuis zijn.

Het was voor het eerst dat ik alleen de stad in ging. Ik leek
wel gek. Mijn hart bonkte.

Halverwege bleef ik staan. 'Ga terug naar huis,' zei een
stemmetje. Ik dacht aan thuis, stil en leeg. Ik had geen zin
in thuis. Ik wilde niet alleen zijn.

Ik fietste door. Daar was de binnenstad al. Ik stapte af en
liep met de fiets aan de hand door een winkelstraat, waar de
rolluiken waren neergelaten.

Af en toe kwam er een stelletje langs of een groepje of iemand alleen, zoals ik. Er zaten nog mensen op een terrasje. Zie je wel, niks aan de hand. Het was lekker om er even uit te zijn.

Ik zette mijn fiets tegen een gevel en ging een danscafé in, waar een warme golf van muziek en geroezemoes over me heen spoelde. Het was er veel drukker dan ik had verwacht. Was Anna er maar, of Mark. Ik wrong me tussen twee krukzitters in om een cola te bestellen. Aan weerszijden waren een jongen en een meisje druk met elkaar in gesprek. Ik luisterde zo onopvallend mogelijk mee. Bij de een ging het over muziek, bij de ander over vakantie. Ik keek om me heen. Een jongen leunde tegen een pilaar en keek me strak aan. Ik negeerde zijn blik.

Ik wist niet waar ik me eenzamer voelde, hier of thuis. Ik rekende af en ging naar buiten. Frisse lucht! Stilte!

Ik ging naar mijn fiets en toen ik het sleuteltje in het slot stak, brak het zweet me uit. Ik had de huissleutel niet bij me. Die had ik in de haast om weg te komen op mijn kamer laten liggen.

Waar kon ik naartoe?

Ik nam een taxi naar het huis van opa en oma. Er brandde licht en in de keuken zat mam met een vreemde man aan tafel. Hun monden gingen op en neer en ze hielden elkaars hand vast. Wie was die vent? Waarom zat hij aan mijn moeder? Mam kuste hem! Wat moest ik doen?

Ik liep naar de voordeur en belde aan. Het duurde lang voordat de deur openging. De man keek me verbaasd aan.

'Mijn moeder,' zei ik.

'Je moeder?' vroeg de man en zijn gezicht verstarde. 'Ben jij Tinekes dochter? Wacht, ik roep haar. Ze wilde net naar bed gaan.'

Hij draaide zich snel om.

Mam kwam met een rood hoofd naar me toe.

'Karen, wat doe jij hier?' vroeg ze. 'Wat is er gebeurd?'

'Geld,' zei ik. 'Je moet me geld geven voor de taxi.'

'Taxi?'

'Vraag niet zoveel,' zei ik nijdig. 'Geef nou maar.'

Mam zocht haastig in haar tas en mompelde: 'Kindje toch, wat is er gebeurd?'

Ze gaf me geld en ik ging snel naar de taxichauffeur en betaalde. Toen ik terugkwam, zat mam aan de keukentafel en was de man verdwenen.

'Waar is die vent naartoe?' vroeg ik.

'Die zit in de kamer bij opa,' zei mam. 'Hij is de nachtzorg en waakt.'

'Zo?' vroeg ik. 'Over wie?'

'Over opa natuurlijk,' zei mam. 'Wat kom je hier doen?'

Ik vertelde haar dat ik een nachtmerrie had gehad en niet alleen durfde te blijven. Ik begon te trillen en brak in tranen uit.

'Ik vind het zo oneerlijk dat Mark niet bij me mag zijn en jij met een vreemde vent zit te zoenen.'

Mam duwde me geschrokken van zich af.

'Wat zeg je nou?' vroeg ze.

'Ik heb het echt wel gezien, hoor,' zei ik.

'Karen, luister,' zei mam. 'Ik weet niet wat jij hebt gezien, maar het is niet wat je denkt.'

'Ik zag het toch!' riep ik uit. 'Je kuste hem!'

'Ssst,' siste mam ongerust. 'Moet iedereen het horen?'

'Ja,' riep ik. 'Iedereen mag het horen. Mam zoent met een vreemde vent!'

Mijn moeder pakte me bij mijn schouders en schudde me door elkaar.

'Hou op!' riep ik.

'En nu blijf je even kalm,' zei mam. 'Moeten opa en oma wakker worden?'

'Laat me nu dan los!' riep ik.

Mam liet me los.

'Karen, alsjeblieft, beheers je een beetje. Probeer mij ook eens te begrijpen. Frank is de enige man met wie ik goed kan praten. Mag ik het fijn vinden dat hij mijn hand vasthoudt?'

'Waarom heb je me dat nooit verteld?'

Mam keek me strak aan. 'Ik weet het niet,' zei ze. 'Ik wilde niet dat je dacht dat ik... Nou ja, het was iets voor mezelf.'

'Mark ook voor mij,' zei ik.

Mam sloeg een arm om me heen.

'Moet je niet naar die Frank toe?' vroeg ik.

'Ik ga zo slapen,' zei mam. 'En jij ook.'

Ik kroop tegen haar aan.

'Waarom ga je voortaan niet met me mee als ik hier blijf slapen?' vroeg ze. 'Het bevalt me helemaal niet dat je alleen thuis bent. Ik dacht dat je bij Anna zou logeren, of zij bij jou.'

'Ze kon vandaag niet,' snikte ik.

'Het spijt me zo,' zei mam zacht. 'Ik heb te weinig tijd voor je. Maar ik maak het allemaal goed, echt waar. Kom, we gaan slapen.'

We gingen naar boven en voor het eerst sinds jaren sliep ik weer naast mijn moeder in bed.

# Zeventien

Twee dagen later zat ik 's avonds met mijn moeder thuis in de kamer.

'Waarom ben jij eigenlijk bij opa en oma als er ook een nachthulp komt?' vroeg ik.

Mam keek op van een brochure en zei: 'Die komt pas om elf uur 's avonds. En 's morgens om zeven uur gaat hij weer weg. 's Avonds en 's morgens moet er ook iemand zijn. Het heeft geen zin om dan heen en weer te moeten. Bovendien... ik wil niet dat opa sterft in de handen van een vreemde.'

'Is die Frank er altijd?' vroeg ik.

'Er komen steeds weer anderen,' zei mam. 'Maar Frank probeert er te zijn als ik er ook ben. Hij heeft veel ervaring met de verzorging van oude mensen en daardoor kan hij me beter begrijpen.'

'Denk je dat opa snel sterft?' vroeg ik.

'Het kan ieder moment gebeuren. Het kan ook nog weken of maanden duren. Dat weet niemand,' zei mam.

Ze sloeg een bladzijde om en las verder.

'Wat lees je?' vroeg ik.

'Een brochure over dementie. Van Frank gekregen. Hij denkt dat opa vasculaire dementie heeft.'

'Zo, en werd je niet kwaad toen hij dat zei?'

'Karen, ik heb onderhand heus wel door dat opa geestelijk hard achteruitgaat. Weet je wat zo verwarrend is? Bij vasculaire dementie worden goede dagen, waarbij er weinig aan de hand lijkt te zijn, afgewisseld met slechte dagen.'

'Ik snap niet dat je dat uit een folder moet halen,' zei ik. 'Dat zie je toch zo?'

'Vasculaire dementie wordt veroorzaakt door beschadiging van de hersenen door hart- en vaatziektes. Sommige patiënten hebben waanbeelden en hallucinaties.'

'Mam,' zei ik. 'Ik weet dat opa in kamp Amersfoort heeft gezeten.'

'Vasculaire dementie is anders dan de ziekte van Alzheimer. Er zijn verschillende vormen van dementie. Wat zeg je?'

'Opa heeft in kamp Amersfoort gezeten. Ik heb een soort dagboek van hem gevonden. Wil je het zien?'

Zonder haar antwoord af te wachten rende ik naar boven en pakte opa's aantekeningen van mijn bureau.

'Kijk,' zei ik hijgend toen ik weer beneden was en de papieren in mams hand duwde.

'Hoe kom je daaraan?' vroeg ze.

'Gevonden in een kistje in de schuur.'

'Maar Karen,' zei mam, 'dit zijn kopieën. In de oorlog hadden ze nog geen kopieerapparaten.'

'Mark heeft ze gekopieerd. Hij heeft het echte schrift.'

'Mark?'

'Ja, lees nou!'

Mam las. Ze werd lijkbleek en haar vingers trilden.

'Mijn god!' riep ze uit. 'Dit kan toch niet waar zijn. Waarom heeft hij er nooit iets over gezegd?'

Ze legde de papieren naast zich neer en keek verslagen voor zich uit.

'Misschien had ik het je niet moeten laten lezen,' zei ik. 'Het spijt me.'

Mam schudde haar hoofd.

'Ik heb gewoon niet willen geloven dat het waar was, Karen,' zei ze. 'Dat hij al die jaren zo'n vreselijk geheim heeft gehad. Ik heb hem dus nooit echt gekend. Nu snap ik waarom hij vaak zo zwijgzaam was en in zichzelf gekeerd. Arme papa.'

Ik ging naast haar zitten en sloeg een arm om haar heen.

'Hij had er toch best met ons over kunnen praten,' zei ze zacht. 'Ik begrijp het niet.'

Er werd gebeld. Ik stond op, ging naar de deur en deed hem open. Daar stond Richard weer met een bos bloemen! Hij keek me zwijgend aan. Als dit een film was, hoorde een van ons er niet in thuis, maar ik wist niet precies wie.

Secondenlang stonden we verbijsterd tegenover elkaar.

'Is Tineke...'

'Mijn moeder?'

Richard gluurde nerveus de gang in.

'Ze is er toch wel?'

Zweetdruppeltjes glinsterden op zijn voorhoofd.

'Karen, wie is daar?' riep mam.

'Ze is er,' zei Richard met een zucht van opluchting. 'Mag ik naar binnen?'

Hij glipte langs me heen. 'Dank je,' zei hij.

Ik sloot de deur en liep duizelig achter hem aan.

'Tinus, wat is er met je?' vroeg Richard. 'Kom ik ongelegen?'

'Nee,' zei mam. 'Ik vind het fijn dat je er bent.'

Hij drukte opgelucht de bloemen in mams handen.

Ik pakte de papieren van de bank en ging stilletjes naar boven. In deze film hoorde ík niet thuis.

# Achttien

Mam en Richard hadden hun ruzie dus weer bijgelegd en toen mam griep had, nam hij zelfs een vrije dag op om haar te verzorgen.

's Middags was ik in haar slaapkamer. Richard zat op de rand van haar bed.

'Zie je wel,' zei hij. 'Het is je allemaal te veel geworden.'

'Iedereen heeft wel eens griep,' zei mam met een krachteloos stemmetje, en ze dronk de sinaasappelsap op die Richard voor haar had ingeschonken.

'Wie moet er morgen nu op mijn ouders passen?' vroeg ze.

'Ik ga wel,' zei ik. 'Morgen is het zaterdag. Dan ben ik vrij.'

'Karen, dat is te zwaar voor je,' zei mam. 'Ik vraag wel aan Ingrid of ze het een keertje van mij kan overnemen.'

'Hoeft echt niet, mam,' zei ik. 'Frank komt toch?'

Mam keek naar Richard.

'Wie is Frank?' vroeg hij.

'De nachtzorg,' zei mam snel.

'Die is er altijd als mam er is,' zei ik.

'Dat is niet waar,' zei mam. Ze keek me verwijtend aan. 'Hij is er soms. Het wisselt steeds.'

'Waarom ben jij er als er ook nachtzorg is?' vroeg Richard.

'Omdat dat nodig is,' zei mam. 'Houden jullie verder je mond. Ik heb koppijn.'

'Dus ik ga naar opa en oma,' besloot ik. Ik had echt geen zin om bij een zieke moeder en een o zo bezorgde Richard te blijven.

'Er komt toch wel nachtzorg?' vroeg ik.

'Ja,' zei mam. 'Er zou een nieuwe komen. Ik weet niet wie, maar er komt iemand.'

'Nou dan. Wat kan er misgaan?'

Mam dacht na.

'Anders bel ik Fr...' zei ik.

'Oké,' zei mam snel. 'Je hebt gelijk. Er kan weinig misgaan.'

Ik ging de kamer uit en liet mam en Richard alleen.


Zaterdagsmiddags reed ik niet langs de rivier en over de populierenlaan, maar door de nieuwbouwwijken het dorp in.

Bij opa en oma stond mijn oom op het punt van vertrekken.

'Hij heeft een onrustige nacht gehad,' zei hij. 'Maar nu is hij weer kalm. Ik heb geen oog dichtgedaan.'

'Was er geen nachtverzorger?' vroeg ik.

'Nee, maar vanavond komt er wel een. Maak je maar niet bezorgd. Sterkte.'

Hij glimlachte vermoeid, nam afscheid van opa en oma en stapte in zijn auto.

Ik ging samen met oma eten klaarmaken. Opa at met tegenzin een halve aardappel op.

De avondverpleegster kwam om zeven uur om opa te wassen en in zijn pyjama te helpen, maar toen ze daarmee klaar was, wilde opa nog niet naar bed.

'Slapen kan ik altijd nog,' zei hij. Hij bleef aan de keukentafel zitten. Oma was erg moe.

Ik zei: 'Ga maar slapen, oma. Ik blijf wel bij opa. Ik breng hem naar bed.'

'Weet je het zeker, kindje?' vroeg ze.

'Tuurlijk,' zei ik.

Oma glimlachte. 'Ik bof maar met zo'n flink kleinkind,' zei ze.

Om negen uur ging ze naar boven en ik bleef achter met opa. Hij was heel erg in de war. Hij keek om zich heen alsof hij de keuken voor het eerst zag. 'Weet je,' zei hij, 'deze keuken lijkt heel erg op die van mijn moeder.'

'Je moeder?' vroeg ik.

Opa knikte. 'Ik ben blij dat ik bij jou ben,' zei hij. 'Ik had me geen raad geweten als je niet thuis was geweest. Ik ben al dagen op de vlucht.'

'Waarvoor ben je op de vlucht?' vroeg ik.

'Voor de soldaten natuurlijk,' zei opa. 'Ik ben uit de trein gesprongen. Ze zijn naar me op zoek.'

Hij dacht dat het oorlog was!

'Wil je niet naar bed?' vroeg ik.

'Heb je dan bedden?'

'Natuurlijk heb ik bedden.'

'Waarom zitten we dan nog hier? Ik heb in nachten niet geslapen. Ik ben zo moe als een oude jas.'

'Sta maar op. Dan breng ik je naar bed.'

Opa klemde zijn handen om de stoelleuning. Hij probeerde zich op te drukken. Zijn gezicht liep rood aan, maar hij kwam geen centimeter omhoog.

'Zal ik je helpen?'

'Ja, help me maar.'

Ik ging naar hem toe en pakte hem beet onder zijn armen. Met alle kracht trok ik hem overeind, maar hij gaf helemaal niet mee. Hij hing slap in mijn armen. Ik kon hem niet langer houden en liet hem terugzakken in zijn stoel.

'Het gaat niet,' zei ik.

Opa schudde verslagen zijn hoofd. 'Ik snap er niets van,' zei hij. 'Ik kan me niet bewegen.'

'Geeft niet opa. Zo meteen lukt het vast wel.'


Opa's vingers gleden over de radiocassetterecorder.

'Je mag wel uitkijken,' zei hij.

'Waarom?'

'Je mag toch helemaal geen radio hebben? Als de nazi's hem vinden, ben je de sigaar.'

Hij drukte op een knopje. Het cassettelaatje sprong open. 'Hoe werkt dat ding?' vroeg hij.

Ik zette de radio aan. Jazzmuziek klonk zachtjes door de keuken.

'Is dit de Engelse zender?' vroeg hij.

'Ik weet het niet,' zei ik. 'Het zou best kunnen.'

Opa lachte. 'We moeten goed luisteren. Misschien is er nog nieuws over de geallieerden. Misschien rukken ze op en is die verdomde oorlog gauw afgelopen.'

'Ik denk dat ze oprukken,' zei ik. 'Volgens mij wordt Nederland snel bevrijd.'

'Het is echt vreselijk om steeds te moeten vluchten. Ik zou wel eens rust willen.'

'Gelukkig ben je bij mij,' zei ik.

'Ja,' zei opa. 'Daar zitten we nu... in een oorlogsnacht...

naar de Engelse zender te luisteren.' We luisterden een tijdje naar de muziek.

Toen zei ik: 'Opa, ik vind het hartstikke goed dat je in het
verzet bent geweest en je moet je maar niet schuldig voelen
over de doden.'

'O, daar weet je van,' zei opa. 'Ik wil er niets meer over horen. Als de oorlog is afgelopen, praat ik er nooit meer over.'

Om elf uur was de nachtzorg er nog niet. En om halftwaalf
en om twaalf uur nog steeds niet. Ik dacht eerst nog dat hij
het huis niet kon vinden in het donker. Het ligt wat afgele-
gen, achter hoge beukenhagen en een grote tuin.

Maar toen hij er om halfeen nog niet was, wist ik dat hij
niet meer zou komen en dat ik misschien de hele nacht met
opa in de keuken moest doorbrengen.

Hij tastte in de zakken van zijn pyjama.

'Zoek je wat?' vroeg ik.

'Mijn tabak,' zei hij. 'Net had ik het nog.'

'Je tabak?'

'Ik snap er niets van. Waar kan die gebleven zijn? Ik heb
zo'n zin in een sigaret.'

Ik had opa nog nooit zien roken en zeker geen sjekkie zien
draaien. Ik herinnerde me wel een van de weinige foto's uit
zijn jeugd. Hij stond voor het huis van zijn ouders, samen
met een van zijn broers, en hij had een sigaret tussen zijn
vingers. Vroeger rookte hij.

'Wacht even,' zei ik. 'Ik ga het halen.'

Oma bewaarde sigaretten en shag in een kastje. Het was,
geloofde ik, een oude gewoonte om rookwaar voor gasten in
huis te hebben.

Ik ging naar de kamer en pakte een buideltje shag en een
aansteker.

'Kijk, hier is het,' zei ik toen ik weer bij hem aan tafel zat.

'Wil je er een voor me draaien?' vroeg hij.

Ik rookte niet, maar ik kon sjekkies draaien als de beste. Ik ging ijverig aan de slag en toen hij klaar was, stak ik hem opa toe. Hij keek er afkeurend naar.

'Veel te dun,' zei hij. 'Kun je geen dikkere draaien?'

Welja, nog aanmerkingen ook. Vooruit maar, het was niet elke dag oorlog.

'Dat is beter,' zei opa tevreden. Hij stak hem tussen zijn lippen.

'Jij rookt toch ook mee?' vroeg hij.

Ik nam het dunne sjekkie en gaf opa vuur. Een dikke rookwolk trok voor zijn gezicht.

Ik nam een trekje en we rookten als vrienden in de oorlog.

'Ik ben zo moe,' zei hij. 'Ik wil naar bed.'

'Je kunt niet opstaan, opa,' zei ik.

Hij klemde zijn handen om de stoelleuningen en probeerde zich op te drukken. Tevergeefs.

'Ik ga kussens halen,' zei ik, 'dan kunnen we hier slapen.'

Terug in de keuken legde ik een kussen voor opa op tafel.

'Ik zal blij zijn als die rotoorlog voorbij is,' zei hij. 'Ik verlang er zo naar om weer eens in een gewoon bed te slapen.'

'Ik ook,' zei ik. 'Ga toch maar slapen.'

Opa legde zijn hoofd op het kussen. Heel even maar. Toen keek hij op.

'Ik kan geen oog dichtdoen.'

'Ik ook niet,' zei ik. 'Wil je wat drinken?'

'Wat heb je?' vroeg hij.

Ik ging naar de bijkeuken en kwam terug met een pak appelsap en een pakje zachte koeken met chocolade. Ik schonk voor hem in en vroeg of hij een koek wilde.

'Hoe kom je aan koeken?' vroeg hij verbaasd.

'Die had ik nog,' zei ik. Ik moest lachen, want ik snapte zijn verbazing. Aan het eind van de oorlog had niemand koeken met chocolade.

Hij nam een hap. 'Ik heb nog nooit zo'n lekkere koek gegeten.'

'Neem er nog maar een.'

Hij pakte nog een koek. Hij had in tijden niet met zo veel smaak gegeten.


Het was net alsof opa de dingen door elkaar heen zag, als op een dubbelgenomen foto.

Hij pakte het tafelzeil, tilde het op en keek naar het tafelblad. Hij begon aan het zeil te trekken. Een kopje viel om. Hij pakte het op en bekeek het. Hij zette het weer neer. Voorzichtig trok hij het zeil over zijn looprek, dat naast hem stond. Toen probeerde hij het looprek met zeil en al op te tillen, maar hij kreeg er geen beweging in.

'Er staat een fiets voor,' zei hij.

'Een fiets?' vroeg ik.

'Een fiets. Ga je die nog terugbrengen?'

'Welke fiets bedoel je?'

'Deze,' zei opa, en hij wees naar zijn looprek.

'Maar opa,' zei ik, 'dat is geen fiets. Dat is jouw looprek.'

Hij keek me aan alsof ik gek was geworden.

'Denk je dat ik dat niet weet,' zei hij. 'Ik zie echt wel het verschil tussen een fiets en een looprek. Ik bedoel die damesfiets, daar tegen de muur!'

'Die breng ik vandaag niet meer terug,' zei ik snel. 'Het is veel te laat. Ik blijf vannacht bij jou.'

Opa keek me dankbaar aan.

'Dat hoopte ik al,' zei hij.

Hij luisterde aandachtig en keek omhoog.

'Ze zijn weer aan het bombarderen,' zei hij. 'Hoor je het?'

'Ja,' zei ik, 'heel ver weg.'

'Als het maar niet dichterbij komt,' zei opa bezorgd. Hij luisterde een paar minuten en legde toen zijn hoofd op het kussen.

'Ik ben zo moe,' zei hij.

O, arme opa. Lieve, arme opa. Je bent zo ver weg. Zo heel ver weg. Kon ik je maar terughalen.


Opa sliep. Ik moest bij hem blijven, in de keuken, op de stoel aan de tafel. Wachten tot het licht werd. Wachten tot oma wakker werd. Het kon nog uren duren, lange uren.

Ik stond op. Mijn stoel schraapte over de keukenvloer.

Opa schrok wakker.

'Wat is er?' vroeg hij.

'Niets,' zei ik. 'Ik stond alleen maar op.'

'Je gaat toch niet weg? Je laat me toch niet alleen?'

'Nee, natuurlijk niet.'

Ik ging weer zitten. Opa keek me lang aan.

'Ben je bang dat ze weer komen?' vroeg hij.

'Wie?'

'De soldaten. We zijn hier toch wel veilig? Wat denk jij?'

'Maak je maar geen zorgen,' zei ik. 'We zijn hier veilig.'

'Ik hoor wat,' zei opa. 'Snel, we moeten ons verbergen. Ze komen me halen!'

'Ik hoor niets,' zei ik.

'Ik wel,' fluisterde opa. 'Zware laarzen op de straatstenen. Soldaten! Vlug, anders nemen ze jou ook mee.'

Hij greep naar de armleuningen van zijn stoel en probeerde zich op te drukken, maar hij kon het niet.

'Ik kan me verdomme niet bewegen,' riep hij. 'Gooi wat over me heen en doe het licht uit. Snel! Ze kunnen nu elk moment hier zijn. Ik hoor hun laarzen steeds duidelijker.'

Hij keek me bang aan.

Ik stond op en liep vliegensvlug naar de kamer. Ik rukte een deken van opa's bed en rende terug naar de keuken.

'Over mijn hoofd en het licht uit!' zei opa.

Ik gooide de deken over hem heen en deed het licht uit. Op de tast liep ik terug naar de stoel. Ik ging zitten. De stoel knerpte op de keukenvloer.

'Stil!' siste opa.

Ik hield me muisstil. Langzaam wenden mijn ogen aan het donker. Opa lag ineengedoken met zijn hoofd op de tafel. Mijn hart bonkte.

Hij stak zijn hoofd onder de deken uit.

'Ze kunnen je zien,' zei hij. 'Kom dichterbij.'

Ik schoof mijn stoel naar hem toe. Hij sloeg de deken over me heen.

'Sssst,' siste hij weer. Doodstil bleven we zitten. Het was aardedonker en benauwd, maar ik gaf geen kik.

'Verdomme, ik stik bijna,' zei opa.

'Stil nou,' zei ik. 'Anders horen ze ons.'

Opa zei niets meer. Ik voelde zijn adem tegen mijn wang. Hij tastte met zijn hand naar de mijne en legde hem er bovenop.

'We moeten hier samen doorheen,' fluisterde hij. En hij kneep zachtjes in mijn hand.

'Ik hoor niets meer,' fluisterde ik na een paar minuten. 'Ik denk dat ze weg zijn.'

Opa hield zich doodstil. Was hij in slaap gevallen?

'Opa,' fluisterde ik.

'Sssst, ze zijn binnen. Ze doorzoeken het huis.'

Ik voelde zijn trillende hand op de mijne.

'Niet bang zijn,' zei ik. 'Ze vinden ons nooit. Het is veel te donker.'

'Ze hebben zaklantaarns,' zei opa. 'Ik hoor voetstappen op de trap. Is er iemand boven?'

'Nee, niemand,' zei ik.

'Gelukkig,' zei opa.


Ik keek op mijn horloge. De wijzers lichtten op. Bijna vier uur 's morgens.

Ik was in slaap gevallen. Opa lag stil naast me.

'Opa!' zei ik zachtjes. 'Opa, word wakker!'

Ademde hij nog? Ik kon het niet zien en ook niet voelen. Hij bewoog zich niet.

'Opa!' riep ik.

Ik trok de deken van ons af. Hij mocht nu niet doodgaan! Niet nu ik op hem paste! Als hij nu doodging, wilde ik zelf ook dood. De tranen schoten in mijn ogen. Opa, alsjeblieft! Ik schudde aan zijn schouder. 'Opa! Zeg wat!'

Langzaam draaide hij zijn hoofd naar me toe.

'Wat is er?' zei hij zacht. 'Waarom is het hier zo donker? Is er luchtalarm?'

Ik zuchtte van opluchting.

'Nee, er is geen luchtalarm,' zei ik. 'Ik doe het licht aan.'

'Daar zijn we goed doorheen gekomen,' zei opa. Hij glimlachte en ik veegde de tranen uit mijn ogen.

'Prikkeldraad. Ik zie overal prikkeldraad,' zei opa.

'Waar? Hier in de keuken?'

'Overal. Zie jij het niet?'

'Moet ik het weghalen?'

'Als je dat doen wilt. Ik heb zo'n hekel aan prikkeldraad.'

Ik stond op en maakte een grijpende beweging in de lucht.

'Pas op voor je handen,' zei opa. 'Je moet werkhandschoenen aandoen.'

Ik keek om me heen en zag rubberen afwashandschoenen op het aanrecht liggen. Ik pakte ze en trok ze aan.

'Dat zijn toch geen werkhandschoenen,' zei opa. 'Daar heb je niks aan.'

'Ik kan zo gauw niks beters vinden,' zei ik. 'Wacht, ik doe er wel een doek omheen.'

Ik pakte een theedoek en greep weer in de lucht. Ik ging naar de buitendeur, opende hem en maakte een werpende beweging naar buiten.

'Daar ligt nog meer,' zei opa.

'Ik gooi het allemaal weg,' zei ik. 'Dat rotprikkeldraad. Ik snap niet hoe het hier binnen is gekomen.'

Ik gooide de bundel lucht naar buiten en vroeg: 'Is er nog meer?'

'Nee,' zei opa. 'Het is weg.'

Ik sloot de deur en ging bij hem aan tafel zitten.

'In het strafkamp was ook veel prikkeldraad,' zei hij. 'We stonden daar als vee tussen omheiningen van prikkeldraad. Metershoog prikkeldraad.'

'Stil maar,' zei ik. 'Je bent nu veilig.'

'Stil maar?' zei opa fel. 'Ik wil niet stil zijn. Ik ben al te lang stil geweest.'

Ik wilde opa niet boos maken. Ik wist echt niet meer wat ik doen of zeggen moest.

'Het spijt me,' zei ik.

'Dat hoofd,' zei hij. 'Zie jij dat?'

'Nee,' zei ik, 'ik zie geen hoofd.'

'Ik ben verraden omdat ik aardappelschillen aan andere gevangenen gaf,' zei hij. 'Dat mocht niet, ze waren voor de varkens. Ik moest voor straf een dag met een kruiwagen door het kamp lopen. In die kruiwagen lag het lijk van een jood. Zijn hoofd bungelde over de rand. Ik zette de kruiwagen neer om het hoofd onder een doek te stoppen, maar dat mocht niet. Ze sloegen me. Ik moest doorlopen. Ik wilde niet naar dat hoofd kijken, maar toch zag ik het steeds.'

Opa's gezicht was rood geworden. Hij hapte naar adem.

'Dat was het dus!' riep ik uit. 'Wat erg!'

'Ik wil dat hoofd kwijt!' riep opa.

'Wacht,' zei ik. Ik pakte een bloknote en scheurde er een bladzijde uit.

'Hoe zag het hoofd eruit?' vroeg ik.

'Bleek en mager,' stamelde opa. 'Kaal hoofd en gesloten ogen.'

Ik tekende het hoofd en toen ik klaar was, liet ik het aan opa zien.

'Is dit het?' vroeg ik.

Opa keek met afschuw naar de tekening. 'Ja,' zei hij. 'Dat is het.'

'Wat moet ik ermee doen? Verbranden?'

'Nee,' zei opa. 'Begraaf het!'

'Zal ik het meteen doen?'

'Ja,' zei opa. 'Dan heeft die arme man eindelijk rust.'

Ik liep naar buiten en maakte met mijn handen een kuiltje in de tuin. Daarin begroef ik de tekening. 'Rust zacht,' zei ik.

Ik veegde mijn handen af aan mijn broek en ging terug naar opa.

'Het hoofd is begraven,' zei ik.

'Ik ben zo moe,' zei opa. 'Zo vreselijk moe. Ik wil nu naar bed.'

'Denk je dat je kunt opstaan?' vroeg ik.

Hij klemde zijn handen om de stoelleuningen. Hij kwam een stukje omhoog en viel terug. Hij hijgde.

Ik ging naar hem toe en pakte hem beet onder zijn armen.

'Nog een keer, opa,' zei ik. 'Probeer het nog een keer.'

'Wacht even. Waarom zo'n haast ineens?'

'Ik heb geen haast. Doe maar rustig aan.'

Opa zette weer kracht. Ik pakte hem stevig beet en tilde hem omhoog tot stand. Met mijn voet trok ik het looprek naar me toe.

'Je staat!' riep ik.

'Maar vraag niet hoe,' zei opa. 'Ik heb haast geen gevoel in mijn benen.'

'Denk je dat je naar de kamer kunt lopen?'

'Laten we het proberen,' zei opa.

Ik schoof het looprek naar hem toe. Hij pakte het beet. Ik ging achter hem staan. Opa deed een schuifelpasje en nog een. Hij liep!

Ik hield mijn armen om hem heen.

We schuifelden naar de deur. Ik moest hem loslaten om de deur open te doen. Hij wankelde. Ik was net op tijd terug om hem beet te pakken. In de gang wilde hij linksaf, naar de trap.

'Nee, je moet naar de kamer,' zei ik.

'Slaap ik niet boven?' vroeg opa.

'Nee, je slaapt in de kamer,' zei ik. 'Je hoeft de trap niet op.'

'Godzijdank,' zei opa. 'Dat had ik niet gered.'

De deur naar de kamer stond open.

'Daar is je bed,' zei ik. 'Ga maar zitten.'

Opa liet zich op het bed vallen. Ik zette het looprek weg en trok zijn pantoffels uit.

'Ga maar liggen,' zei ik. Hij ging voorzichtig liggen, maar hij kreeg zijn benen niet omhoog. Ik pakte ze beet en legde ze op bed. Ik sloeg de dekens over hem heen.

'Ik ben blij dat ik lig,' zei opa. 'Waarom hebben we dat niet eerder gedaan?'

'Ga maar lekker slapen,' zei ik, en ik kuste hem op zijn voorhoofd.

'We hebben wel wat meegemaakt, hè?'

'Zeg dat wel, opa.'

Hij deed zijn ogen dicht en viel meteen in slaap.

# Negentien

Opa is dood. Drie dagen voordat hij overleed stond hij plotseling uit zijn stoel op. Hij liep, steun zoekend aan wanden en kasten, naar de buitendeur.

'Wat doe je?' riep oma verschrikt. Hij was al zo vaak gevallen en nu liep hij zonder looprek naar de deur.

Hij zei niets. Op de drempel bleef hij staan en keek rond, naar de schuur, naar de tuin, naar alle plekjes waar hij veel van hield. Kort daarna ging hij weer naar binnen. Hij ging in zijn stoel zitten en huilde.

'Toen wist hij dat hij snel ging sterven,' zei oma later. 'Die dag heeft hij afscheid genomen van zijn huis en zijn tuin.'

Opa lag vier dagen opgebaard in de huiskamer. Oma vond dat hij er zo vredig bij lag.

Ik heb haar alles verteld en haar opa's schrift laten lezen.

Ze keek lange tijd zwijgend voor zich uit en er gleden tranen over haar wang.

'Hij heeft je willen beschermen, oma,' zei ik.

Ze knikte en zei zachtjes: 'Ieder mens heeft iets wat je niet begrijpen kunt.'

Tot de dag van de begrafenis praatte ze tegen hem, luisterde naast zijn sterfbed naar muziek en kuste hem elke avond goedenacht.

Op de begrafenis, nu twee weken geleden, sprak ik Mark. Hij zei dat hij me miste en vroeg waarom ik hem niet meer had teruggeschreven.

Ik zei dat ik hem ook erg had gemist en dat ik het allemaal zo verwarrend vond. Dat ik dacht dat hij me niet vertrouwde en mij niet meer wilde zien.

'Hoe kom je daar nou bij?' vroeg hij.

Ik haalde mijn schouders op. Ik wist het echt niet meer. Ik zag mam en tante Ingrid naar ons kijken.

'Wil je met me mee naar kamp Amersfoort?' vroeg ik.

'Waarom wil je daar met mij naartoe?' vroeg Mark.

'Door opa hebben we elkaar opnieuw leren kennen,' zei ik. 'Opa was een soort vader voor me en jij hebt me geholpen met het zoeken naar opa's schrift. Daarom. Voor alles wat we samen hebben gedaan. Mam wil niet, zo kort na zijn begrafenis.'

'Oké, ik ga met je mee,' zei Mark.

Een week later ontmoetten we elkaar bij station Amersfoort. Het stationsplein was omringd door hoge moderne gebouwen. Ik probeerde me voor te stellen hoe het eruit had gezien in de oorlog. Klein, oud en vervallen, waarschijnlijk. Grijs, zwart en wit, want steeds als ik aan vroeger denk, zie ik zwart-witbeelden voor me. Vroeger hadden ze geen kleuren, dacht ik, en ik moest lachen.

'Wat is er?' vroeg Mark.

Ik schudde mijn hoofd. Ik keek langs het stationsplein naar de treinrails en ik dacht aan die oude goederentrein die daar had gestaan, waarin de mannen op transport waren gesteld naar Zwolle of Duitsland.

We wachtten zwijgend op de bus, alsof we naar een begrafenis gingen.

De bus stopte en we stapten in.

'Kamp Amersfoort?' vroeg de buschauffeur. 'Waar is dat?'

'Appelweg,' zei ik.

'De politieacademie? Is het daar?'

'Ik weet niets van een politieacademie,' zei ik.

'Ja,' knikte de chauffeur. 'Nu schiet het me weer te binnen. Ik zal jullie waarschuwen.'

Onderweg bleven we zwijgen, elk met onze eigen gedachten. Ik voelde de spanning in mijn maag, alsof de bus een tijdmachine was die ons midden in de oorlog zou afzetten. Kon het maar, kon ik maar echt naar die tijd reizen en dat ik dan onzichtbaar was, zodat mij niets kon overkomen, en ik overal kon rondkijken om met eigen ogen te zien wat er gebeurde.

Ik schrok op van een mobiele telefoon die 'Für Elise' knerpte.

'Jullie moeten uitstappen,' zei de buschauffeur. Hij zat omgedraaid in zijn stoel en hij keek ons aan alsof hij ons al vaker had gewaarschuwd. Hij wees de weg. 'Het is nog wel een stukje lopen,' zei hij.

We stapten uit en volgden zijn aanwijzingen. Ik merkte nu pas dat het mistig was. Mistig en stil. Op een straatnaambordje zag ik dat we in de Balistraat liepen. Er was geen mens te zien. Aan het einde gingen we rechtsaf. We liepen onder een viaduct door. Daar bleven we staan, want rechts van de weg stond een gigantische ladder, waarvan de bovenste uitsteeksels als vingers de lucht in wezen.

'De ladder van Armando,' wist Mark. 'Heb ik gezien op internet. Alsof je zo de hemel in kunt lopen.'

'Ja,' zei ik. 'Vooral nu er mist hangt.'

Ik vond het zo raar dat de auto's gewoon langs De ladder van Armando raasden. Alsof hij er niet stond! Ik werd er draaierig van. Ik keek de andere kant op.

'Moet je daar kijken,' riep ik uit.

'Waar?'

'Dat straatnaambordje. Dodeweg-West.'

'Een toepasselijke naam,' zei Mark. 'Daar is een begraafplaats.'

Op een bordje stond: BEGRAAFPLAATS RUSTHOF.

'Daar liggen zeker oorlogsslachtoffers,' zei Mark. 'De oorlog is hier nog overal. Ik kan me een vrolijker uitstapje voorstellen, Karen.'

Ik huiverde en gaf Mark een arm.

'Kom, we gaan verder,' zei hij.

We liepen Laan 1914 in. Na een paar honderd meter sloegen we linksaf Laan 40-45 in, die tussen een groot kantoorgebouw en een bos in lag.

DIERENTEHUIS AMERSFOORT las ik op een bord en ik hoorde gejank van honden diep in het bos. Ik dacht aan foto's van concentratiekampen waar soldaten met woeste honden gevangenen samendrijven.

Laan 40-45 ging over in de Appelweg. We waren er dus bijna. Op nummer 1 was een opleidingsinstituut voor politie.

'Een politie-instituut op een concentratiekamp,' zei Mark. 'De politie was hartstikke fout in de oorlog.'

'Maar nu toch niet meer.'

'Er is nu ook geen oorlog,' zei Mark.

Het eerste wat we van het kamp zagen was een uitkijktoren.

Mark liep naar een informatiebord met foto's en tekeningen van barakken en wachttorens. De barakken waren allemaal verdwenen en van de uitkijktorens was er nog maar één over.

'"Polizeiliches Durchgangslager Amersfoort (PDA)",' las ik. Zo werd kamp Amersfoort dus door de Duitsers genoemd.

Onder een onduidelijke foto van een man met honden stond: *Kampcommandant Berg of Kotälla met zijn waakhonden voor de ingangspoort.*

En weer hoorde ik de jankende honden van Dierentehuis Amersfoort.

We liepen verder het terrein op, langs een gedenkplaat: een stengel van prikkeldraad die overgaat in een roos, midden in een grindvlakte met zuilen van prikkeldraad.

'Hier schreef opa over in zijn schrift,' zei ik. 'Het heeft te maken met de rozentuin.'

Mark knikte en wees naar de barak.

'Daar ergens was het kampterrein, waar hij urenlang met die kruiwagen heeft gelopen,' zei hij. 'De kruiwagen met de dode jood.'

Ik klampte me aan Mark vast.

We gingen een gebouwtje in dat was ingericht als gedenkplaats. Toen we naar een maquette van het kampterrein keken, kwam er een vrouw naast ons staan. Ze stelde zich voor als Annemiek en vroeg of ze ons een rondleiding mocht geven.

'Graag,' zei ik. 'U bent van eh... U hoort bij kamp Amersfoort?'

'Ja,' zei ze. 'We mogen niet vergeten wat hier is gebeurd. Het is echt vreselijk geweest. De gevangenen moesten keihard werken en kregen weinig eten. Ze werden door de bewakers voortdurend gepest en mishandeld. Dit moet een gedenkplaats blijven.'

We gingen het gebouwtje uit en liepen het bos in, eerst langs de overblijfselen van een lijkenhuis en daarna over een pad tussen aarden wallen.

'Dit is de executieplaats,' zei Annemiek. 'Het pad is uitgegraven door gevangenen. Ze moesten zelf het pad uitgraven waarover ze moesten lopen voordat ze werden doodgeschoten. Ze werden hier in het bos begraven. Niet alle mensen zijn teruggevonden.'

Ik sloeg mijn arm om Marks middel. Langzaam liepen we verder.

Aan het eind van de schietbaan stond een standbeeld op een stenen sokkel. Ik kon mijn ogen er niet van afhouden, want het was zo huiveringwekkend, dat grote beeld midden in het bos. Toen we ervoor stonden zag ik dat het een uitgemergelde man op klompen voorstelde. Hij keek omhoog, naar de hemel. Zijn jasje was open. Wat was hij mager. Je kon zijn ribben tellen.

Het beeld heette *Gevangene voor het vuurpeloton*. Het werd ook wel *De stenen man* genoemd.

Hoe langer ik ernaar keek, hoe meer de stenen man tot leven kwam. Hij was zo mager, net zo mager als opa voordat hij stierf. Ik dacht aan foto's die ik had gezien van uitgemergelde mensen in de hongerwinter.

'Dat hier echt mannen hebben gestaan die werden doodgeschoten,' zei ik.

Een rilling liep over mijn rug. Zou opa het gezien hebben?

'Waarom zijn jullie hier naartoe gekomen?' vroeg Annemiek.

We vertelden over opa en dat hij nooit had verteld wat er in de oorlog met hem was gebeurd.

'Ik heb dat ook lang niet kunnen begrijpen, want er zijn

heel veel mannen die dat voor hun familie hebben verzwegen,' zei Annemiek. 'Tot een gevangene het me een keer uitlegde. Hij zei: "Of je zegt niets of je zegt alles. Ik wilde een nieuw leven beginnen. Ik kon geen nieuw leven beginnen als ik mijn vrouw en kinderen zou belasten met mijn ervaringen. Ik wilde ook niet dat ze zouden weten dat ik me zo had laten vernederen."'

'Maar daar konden ze toch niets aan doen?'

'Nee, maar hij was bang dat ze hem zielig zouden vinden. Dat vond hij het ergst: zielig gevonden worden. Dat hij zijn hele verdere leven ermee belast zou zijn. Dat als hij een keer in de put zat, ze zouden zeggen: hij heeft erge dingen meegemaakt in de oorlog.'

Ik weet niet meer hoe lang we bij de stenen man hebben gestaan. We hebben om hem heen gelopen en wisten niet wat we zeggen moesten. Op de terugweg liepen we gearmd, en we hoorden diep in het bos de honden blaffen.

# Verantwoording

Op blz. 65 staat de eerste strofe van het gedicht 'Ik heb in de Rozentuin gestaan' van Gerard Martens.

Ik wil Annemiek Littlejohn danken voor de rondleiding die ze me heeft gegeven door kamp Amersfoort.

Geraadpleegde literatuur

*Van Amersfoorter tot IJsselliniegraver* van J. de Vries (1946, uitg. De erven J.J. Tijl N.V., Zwolle)
*Geschiedenis van een Plek* door Armando, Hans Verhagen en Maud Keus (uitg. De Bezige Bij, 1980)
De brochure *Vasculaire Dementie* van de Alzheimerstichting.